4つのカードで思考力が育つ！

〈あわせる〉
かずを あわせる ちから

〈えずスペシャル〉
えや ずを かいて かんけいを とらえたり せつめいしたり する ちから

〈わける〉
かずを じゆうに わける ちから

〈10まとめ〉
10
10の まとまりを みつける ちから

算数授業の ワークシート

「発見」➡「練習」➡「マスター」の 学びシステム

小学**1**年

JN045684

樋口万太郎／葛原祥太／川人佑太 著

学芸みらい社
GAKUGEI MIRAISHA

まえがき

　本書を手に取っていただき、ありがとうございます。

　本書には２つの思いをこめました。１つ目は、思っている以上に「１年生の子供たちって、もっと自分たちで考えていくことができますよ！」ということです。

　１年生は、小学校に入学したての子供たち。いわば、小学校初心者の子たちです。そのため、手取り足取り教えてあげないといけない！　という思いが先生にできてしまいがちです。

　そのため、「今ブロックを出しなさい」「ブロックを７個出しなさい」「２個左に動かしなさい」などの先生からの指示ばかりの授業になりがちです。そのような授業を受けているときの、子供たちの表情を見たことがありますか。笑顔が少ないと思うときはありませんか。

　もちろんこのように指示をして、教えることは教えないといけません。こういったことがゼロになることはありません。ただ、それと同時に、私たち教師は他の学年と同様に、学び方を学ぶことで、

　子供たち自身で問題や課題を解決したり、学びを深めたりするといった自立する姿

を目指していきたいものです。これこそが、私がこめた２番目の思いです。だからこそ、「くりさがりの　ある　ひきざん」の学習では、子供たち自身で問題や課題を解決したり、学びを深めたりするといった自立している姿を目指しています。

　本書では、子供たち自身で問題や課題を解決したり、学びを深めたりするといった自立するようになるために、

---

①　〈わける〉……かずを　じゆうに　わける　ちから
②　〈あわせる〉…かずを　あわせる　ちから
③　〈10まとめ〉…10の　まとまりを　みつける　ちから

の３つのカードを提案します。この３つのカードを子供たち自身が使いこなしたとき、子供たちは自立していると言えます。

　そして、

---

④　〈えずスペシャル〉…えや　ずを　かいて　かんけいを　とらえたり
　　　　　　　　　　　　せつめいしたり　する　ちから

というカードもあります。絵や図は数と計算領域では必須のツールとなります。１年生からしっかりと絵や図を使う経験も積ませておきたいものです。

　さぁ、４枚のカードで１年生から自立する姿を育てていきましょう。

樋口万太郎

本書の問題は学校図書（1年）を参考にしています。

4つのカードで思考力が育つ！

算数授業のワークシート　小学1年
「発見」→「練習」→「マスター」の学びシステム

目 次

序章 本書の使い方〜ワークのトリセツ〜

1 4枚のカード

　本書では、〈わける〉〈あわせる〉〈10まとめ〉〈えずスペシャル〉の4枚のカードを提案しています。

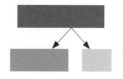

〈 わける 〉

かずを　じゆうに
わける　ちから

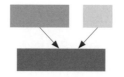

〈 あわせる 〉

かずを　あわせる
ちから

〈 10 まとめ 〉

10

10の　まとまりを
みつける　ちから

〈えずスペシャル〉

えや　ずを　かいて
かんけいを　とらえたり
せつめいしたり　する
ちから

　この4枚のカードを子供たち自身で使用することで、繰り下がりのある引き算を子供たち自身で考えていくことができると考えました。

　この4枚のカードは最初からあるものではありません。次のページのように、カードを獲得する単元、そしてそれを使用する単元があります。

　子供たちが獲得した時には、上記の絵を子供たちに配布し、ノートの表紙に貼ったりすると、子供たち自身も自分の力が身に付いたと実感することができることでしょう。

※カードには「発見」➡「練習」➡「マスター」の3段階があります。

①これまでの問題解決を振り返ってひとまとまりの考え方にする場面が「発見」。

②次にその考え方を使いこなすために同様の文脈で何度も同じ考え方を使う場面が「練習」。

③最後に同様の文脈で使いこなせたとしても違う場面で使えるかどうかはわからないため、転移の可能性を担保するものとして今までと異なる文脈で同じ考え方を問うチャレンジ問題を扱う場面が「マスター」。

　これらのプロセスを経て、すべてクリアすることで「カードを使えるようになった」と言えるわけです。

②全体像はこうなっています

本書における1年生の数と計算領域における全体像は次のようになります。

単元名	カード獲得	カード練習	時間数
かず	〈えずスペシャル〉		3 + 8 + 1
いくつと いくつ	〈わける〉〈あわせる〉		2 + 4 + 1
たしざん		◯	8
ひきざん		◯	7
10より おおきい かず	〈10 まとめ〉		2 + 3 + 1
3つの かず		◯	3
くりあがりの ある たしざん		◯	5
くりさがりの ある ひきざん		◯	5
おおきい かず		◯	8
たすのかな、ひくの かな（文章題の練習）		◯	5

　え⁉　ほとんどの単元が、練習⁉　と思われた方も多いことでしょう。本書で提案している〈わける〉〈あわせる〉〈10まとめ〉〈えずスペシャル〉というカードを子供自身が獲得することができたら、あとは、それらを子供たち自身が使い、問題を解決していくことになります。そんな自立している1年生すごいと思いませんか。そのような自立していくための練習という意味で、項目と練習を名付けています。

　また、時間数は教科書会社の目安時間よりも短くなっている単元もあります。その場合は、残り時間を教科書の練習問題を行うなどしてください。

❸それぞれ単元とカードの関連性

単元名 ＼ カード	〈わける〉 かずを じゆうに わける ちから	〈あわせる〉 かずを あわせる ちから	〈10まとめ〉 10の まとまりを みつける ちから	〈えずスペシャル〉 えや ずを かいて、 かんけいを とらえたり せつめいしたり する ちから
かず				◯
いくつと　いくつ	◯	◯		
たしざん		◯		
ひきざん	◯			
10より　おおきい　かず	◯	◯	△	
3つの　かず	◯	◯	△	
くりあがりの　ある　たしざん		◯	◯	
くりさがりの　ある　ひきざん	◯		◯	
おおきい　かず	◯	◯	△	
たすのかな、ひくのかな（文章題の練習）				◯

※1 〈わける〉〈あわせる〉における「かず」の意味は単元が進むにつれて拡張されていきます。『いくつと　いくつ』から『ひきざん』までは「0〜10」、『10より　おおきい　かず』から『くりさがりの　ある　ひきざん』までは「0〜20」、『おおきい　かず』からは主に「0〜100」（100を超える場合もある）になります。

※2 〈わける〉で「じゆうに　わける」と表現しているのは、例えば7を分けた結果には1と6、2と5など複数のパターンがあり、状況に応じて分けられる力を求めているからです。一方、〈あわせる〉で「じゆうに」という文言がないのは、3と4をあわせた結果は7ただ1つに決まるからです。

※3 『かず』の単元で〈えずスペシャル〉を獲得していますが、実際には具体物から抽象的な数をとらえる力を主に習得してます。また、『たしざん』の単元では関係をとらえた後、式で表す能力を獲得しています。これらは①具体物から抽象的数を見出し、②関係をとらえ、③式によって表現し解決する、と算数の解決プロセスを単純化したとき現れる力です。本書ではいたずらにカードの枚数が増えてしまわないよう、②で関係性をとらえてしまえば、あとはある種自明に現れる部分である①③はカードにしませんでした。

❹子供たちが自立していく理由があります

　本書では、単元が進むにつれて、教師の指示が減り、子供たち自身で動きだせるようにワーク
シートを作成しています。例えば、「たしざん」を見てみると1時間目では、問題提示後には、

```
●さて、みんなは　どの　かあどが　つかえると　かんがえたかな？
①　つかえると　かんがえた　かあどの　□に　〇を　つけましょう。

　〈わける〉　　　〈あわせる〉　　　〈？？？？？〉　　〈えずすぺしゃる〉
　　　□　　　　　　　□　　　　　　　□　　　　　　　□
```

と書かれていますが、2時間目では問題提示後には、

```
●どの　かあどが　つかえるかな？
　つかえると　かんがえた　かあどの　□に　〇を　つけよう。

　〈わける〉　　　〈あわせる〉　　　〈？？？？？〉　　〈えずすぺしゃる〉
　　　□　　　　　　　□　　　　　　　□　　　　　　　□
```

となっています。教師の指示や説明などが減っていることがわかるでしょうか。教師の指示や説
明を減らすことができるのは、カードがあるためです。カードがあるため、教師の指示や説明を
減らすことで、子供たち自身で動きだすことができます。
　また、一単元の中だけでなく、単元間においても、たし算の1時間目に書いているように

```
　これまでに　ますたあした　かあどを　つかったら　つぎの
もんだいは　じぶんで　かいけつできるよ！　どの　かあどを
つかえば　かいけつできると　おもうかな？
　さあ、もんだいを　みて　みよう。
```

といったように、この前の単元からつながるような構成になっています。このような構成になっ
ているため、子供たちの中に学びが積み重なり、単元が進むにつれて、教師の指示や説明が減っ
ても、自立して動くことができるのです。
　本ワークシートは、教科書の単元時数よりも短い単元もあります。子供たちの様子を見て、教
科書の問題に取り組んでください。

5 「ふりかえり」について

　授業の最後には、

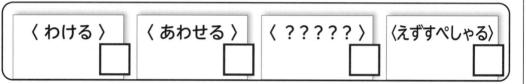

●きょうの　もんだいを　とく　ために　つかった　かあどは
どれだったかな？　□に　○を　つけよう。

| 〈 わける 〉 □ | 〈 あわせる 〉 □ | 〈 ？？？？？ 〉 □ | 〈えずすぺしゃる〉 □ |

　そうだね。あたらしい　もんだいでも　これまでに　てにいれた
かあどを　つかえば　かいけつする　ことが　できるんだね。
　つぎからも　この　ちょうしで　さんすうの　がくしゅうを
すすめて　いこう！

【ふりかえり】　●きょうの　じゅぎょうは　どうだったかな？

😀　　😆　　😨　　▶はやく　かけた　ひとは、その　かおを
　　　　　　　　　　　　えらんだ　りゆうを　はなして　みよう。

といった、1時間の授業を振り返る時間を設けるようにしました。授業を振り返るという習慣は早い時期から身に付けておきたいものです。

　しかし、1年生の子供たちは最初はなかなか字が書けなかったり、字を書くことに時間がかかったりしてしまいます。そこで、最初は隣の友達や先生に話をして、伝えるようにしています。振り返りについて話をするときは、やはり視点が必要です。そこで、という顔文字を子供たち自身が選択をし、その顔を選んだ理由について話をすることができるように作りました。1時間の学習がよくわからなかった子は😨を選ぶかもしれません。カードをしっかりと使えたと思った子は😀を選ぶかもしれません。どの顔を選んだからよいというわけではなく、しっかりと振り返り、その理由が言えることを目的としています。

　また、この振り返りをするページには、使用したカードについて振り返ることができるような文を冒頭に入れています。そうすることで、子供たち自身でカードをより意識することができるようになります。

さんすうの　みき

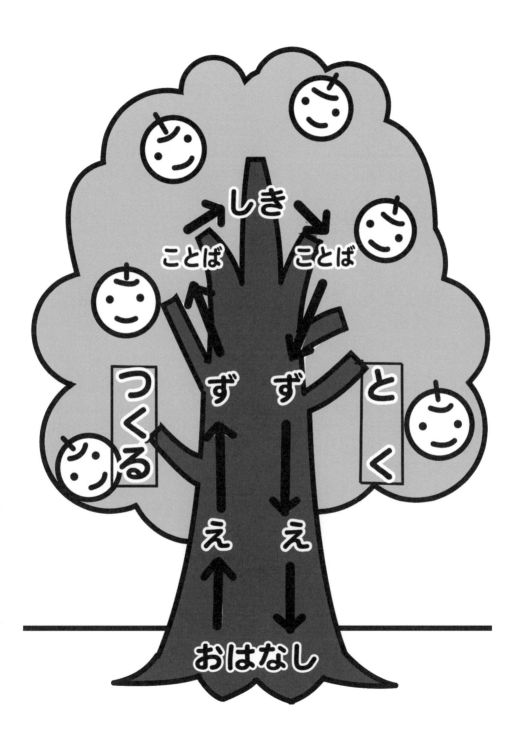

1章 かず

解答・算数の幹は
こちら➡

さぁ、大ボス「くりさがりの　ある　ひきざん」に向けての第一歩です。

この単元では、10までの数について

・**個数の数え方を理解すること**

・**正しく、読んだり書いたりすること**

・**数の構成について理解し、表すこと**

を達成することをねらいとしています。

そのため、大切にしたいカードは、

〈えずスペシャル〉

です。最初の単元で、〈えずすぺしゃる〉カードを手に入れましょう。

子供たちは、ここまでの日常生活で数字を知っている子は多いことでしょう。だからこそ、もの、ブロック、数詞、数字の対応をしっかり行っていきたいものです。

本書では、絵からブロック、ブロックから数字などに置き換えていくことを子供たちがわかりやすいように、「へんしんさせて　みよう」と言うようにしています。この単元においても数をブロックに、数を絵に変身させようという問題を入れています。数を書く、読む練習だけでなく、こういった変身させるという経験を子供たちに多く積ませてください。ここでの経験が、このあとのたし算やひき算に関係してきます。

また、前述のとおり、ここまでの日常生活で数字を知っている子は多いです。そのため、先生から指示をされるだけの、みんな同じことをするだけの授業に反発をしてしまう子もいるかもしれません。1年生のこの時期から、少しずつ子供に選択権を与えていきたいものです。本単元では、1時間の最後に「かずを　えに　へんしんさせましょう」という問題を毎時間入れています。どのような絵を描くかは子供たち一人ひとりに決定権があります。つまり、どんな絵を描くか選択権があるということです。絵を描くだけでは遊びで終わってしまう可能性があります。そこで、本当にその数があるのかをペアで数えて確認したり、確認して合っていれば、その数を相手のワークシートに書いてあげるといった活動を取り入れても有効でしょう。

早くできた子は、紙の裏側に数字や変身の練習をさせるとよいでしょう。

■ 単元の流れ

1時間目：「1」の　がくしゅう

2時間目：「2」の　がくしゅう

3時間目：「3」の　がくしゅう・
　　　　　〈えずすぺしゃる〉の発見

4時間目：「4」の　がくしゅう

5時間目：「5」の　がくしゅう

6時間目：「6」の　がくしゅう

7時間目：「7」の　がくしゅう

8時間目：「8」の　がくしゅう

9時間目：「9」の　がくしゅう

10時間目：「10」の　がくしゅう

11時間目：「0」の　がくしゅう

12時間目：チャレンジ問題・
　　　　　〈えずすぺしゃる〉のマスター

この わあくの つかいかた

　これから　はじまる　さんすうの　がくしゅうでは
４まいの　かあどを　てにいれて　ますたあできるよ！！

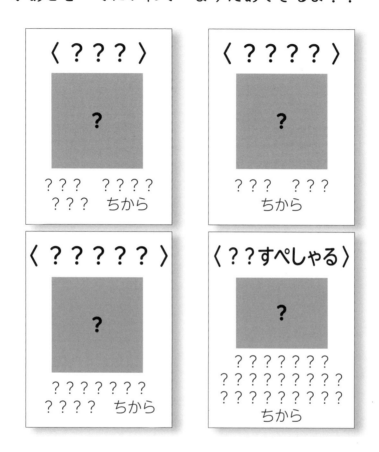

　てにいれた　かあどは　いろんな　ばめんで　つかえるよ！

　どんどん　がんがん　つかいこなして、さいごに　まちうける
ぼすを　たおそう！！

　さあ、さっそく　つぎの　ぺえじに　すすんで、さんすうを
はじめよう！！！

「1」の　がくしゅう

① くまに ○を つけましょう。

くまや　ねこは　**1（いち・いっ）**　ぴき　います。

② 　かずを　よむ　れんしゅうを　しましょう。
③ 　かずを　かく　れんしゅうを　しましょう。

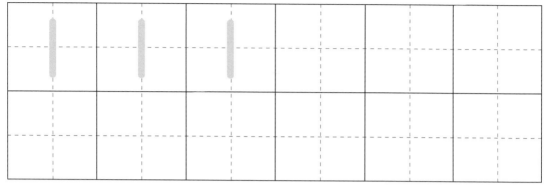

④ 　かずを　ぶろっくに　へんしんさせましょう。
　　したの　□に　ぶろっくを　おきましょう。

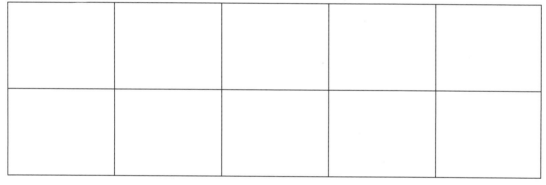

⑤ 　かずを　えに　へんしんさせましょう。
　　「1」の　ぶんだけ、えを　なぞりましょう。

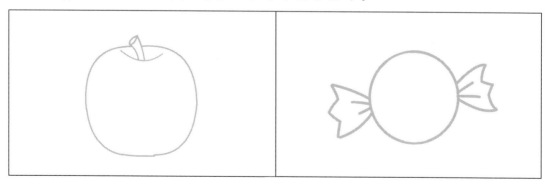

【ふりかえり】　　●きょうの　じゅぎょうは　どうだったかな？

　　　　　　　　　▶はやく　かけた　ひとは、その　かおを
　　　　　　　　　　　　　　　　　　　えらんだ　りゆうを　はなして　みよう。

「2」の　がくしゅう

① いぬに　○を　つけましょう。

いぬや　ぶたは　**2（に）**　ひき　います。

② かずを　よむ　れんしゅうを　しましょう。
③ かずを　かく　れんしゅうを　しましょう。

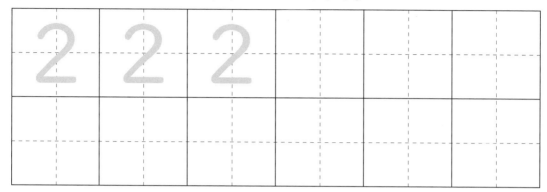

④ かずを　ぶろっくに　へんしんさせましょう。
　　したの　□に　ぶろっくを　おきましょう。

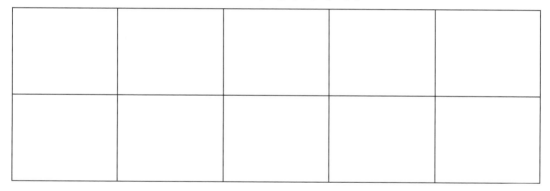

⑤ かずを　えに　へんしんさせましょう。
　　「2」の　ぶんだけ、えを　なぞりましょう。

【ふりかえり】　　●きょうの　じゅぎょうは　どうだったかな？

 　　 　　　　▶はやく　かけた　ひとは、その　かおを
　　　　　　　　　　　　　　　　　　　　　　　えらんだ　りゆうを　はなして　みよう。

19

「3」の がくしゅう

① ぞうに ○を つけましょう。

ぞうや　ぱんだは　**3（さん）**びき　います。

② かずを　よむ　れんしゅうを　しましょう。
③ かずを　かく　れんしゅうを　しましょう。

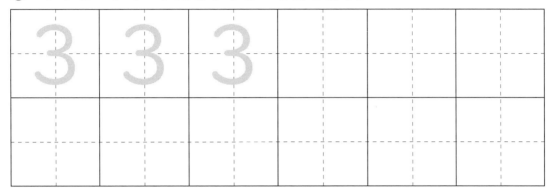

④ かずを　ぶろっくに　へんしんさせましょう。
　　したの　□に　ぶろっくを　おきましょう。

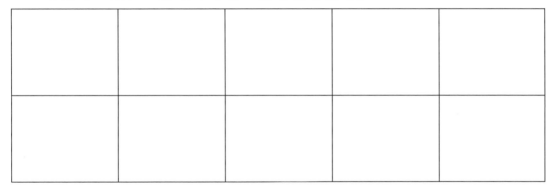

⑤ かずを　えに　へんしんさせましょう。
　　「3」の　ぶんだけ、えを　なぞりましょう。

【ふりかえり】　　●きょうの　じゅぎょうは　どうだったかな？

　　　　　　　　　　　　　　　　　▶はやく　かけた　ひとは、その　かおを
　　　　　　　　　　　　　　　　　　えらんだ　りゆうを　はなして　みよう。

これまでの　がくしゅうを　ふりかえろう

【ふりかえり】

　ここまでの　がくしゅうは、まとめて　ふりかえると　どんなかんじだったかな？

　その　かおを　えらんだ　りゆうを　ともだちと　はなして　みよう。

　せつめいする　ときには　つぎの　ことばを　つかえたら　☐の　なかを　ぬりつぶそう。
　ぜんぶ　つかえたら　すごい！！！

　☐ えや　ず　　☐ かず　　☐ あらわす

　「１・２・３の　がくしゅう」で、みんなは　えや　ずから　かずを　あらわしたり、かずを　えで　あらわしたり　したね。

　だから、みんなは

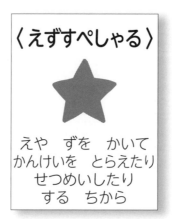

〈えずすぺしゃる〉

えや　ずを　かいて
かんけいを　とらえたり
せつめいしたり
する　ちから

という　かあどを　はっけんしたよ！

　この　かあどを　ますたあする　ために、この　かあどの
れんしゅうを　して　いこう！

「4」の がくしゅう

「1・2・3の がくしゅう」で はっけんした
かあどは なにかな？ はっけんした かあどを
おもいだして、したに かきましょう。

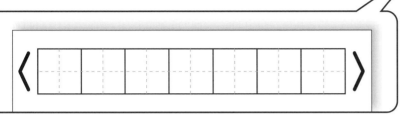

〈 ？ ？ ？ ？ ？ ？ ？ 〉

●がくしゅうして きた ことを つかえるかな？
① ぺんぎんに ○を つけましょう。

ぺんぎんや　ぱんだは　**4（よん・し）**ひき　います。

② かずを　よむ　れんしゅうを　しましょう。
③ かずを　かく　れんしゅうを　しましょう。

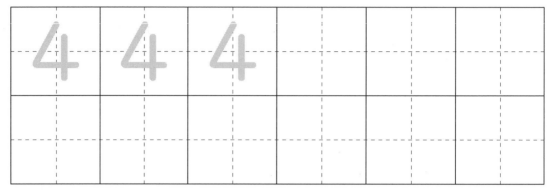

④ かずを　ぶろっくに　へんしんさせましょう。
　　したの　□に　ぶろっくを　おきましょう。

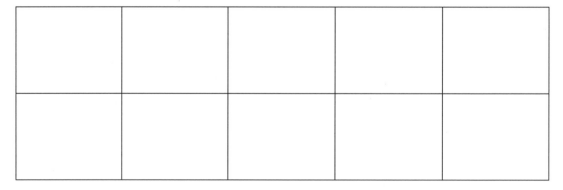

⑤ かずを　えに　へんしんさせましょう。
　　「4」の　ぶんだけ、えを　なぞりましょう。

【ふりかえり】　●きょうの　じゅぎょうは　どうだったかな？

▶はやく　かけた　ひとは、その　かおを
　えらんだ　りゆうを　はなして　みよう。

「5」の　がくしゅう

「1・2・3の　がくしゅう」で　はっけんした
かあどは　なにかな？　はっけんした　かあどを
おもいだして、したに　かきましょう。

〈 ? ? ? ? ? ? ? 〉

?

? ? ? ? ? ?
? ? ? ? ? ? ?
? ? ? ? ? ? ?
ちから

〈 　　　　　　　　　　　　　　　　 〉

●がくしゅうして　きた　ことを　つかえるかな？
① いぬに　○を　つけましょう。

いぬは **5（ご）** ひき います。

② かずを よむ れんしゅうを しましょう。
③ かずを かく れんしゅうを しましょう。

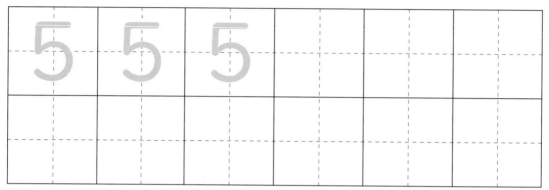

④ かずを ぶろっくに へんしんさせましょう。
　 したの □に ぶろっくを おきましょう。

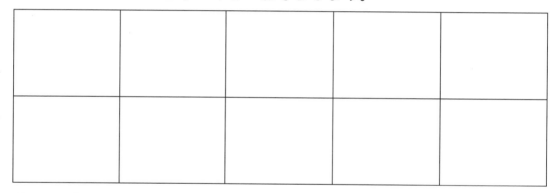

⑤ かずを えに へんしんさせましょう。
　 「5」の ぶんだけ、えを なぞりましょう。

【ふりかえり】　●きょうの じゅぎょうは どうだったかな？

　　　　　　　　▶はやく かけた ひとは、その かおを
　　　　　　　　　　　　　　　　　　　　えらんだ りゆうを はなして みよう。

6のがくしゅう

「1・2・3の がくしゅう」で はっけんした
かあどは なにかな？ はっけんした かあどを
おもいだして、したに かきましょう。

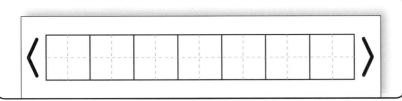

●がくしゅうして きた ことを つかえるかな？
① くまに ○を つけましょう。

くまは　**6（ろく・ろっ）**　ぴき　います。

② かずを　よむ　れんしゅうを　しましょう。
③ かずを　かく　れんしゅうを　しましょう。

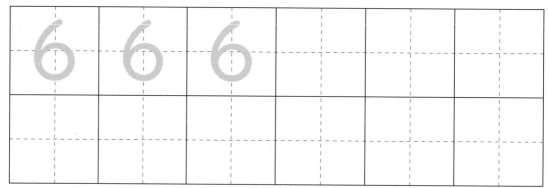

④ かずを　ぶろっくに　へんしんさせましょう。
　　したの　□に　ぶろっくを　おきましょう。

⑤ かずを　えに　へんしんさせましょう。

【ふりかえり】　●きょうの　じゅぎょうは　どうだったかな？

▶はやく　かけた　ひとは、その　かおを
　えらんだ　りゆうを　はなして　みよう。

「7」の がくしゅう

「1・2・3の がくしゅう」で はっけんした
かあどは なにかな？ はっけんした かあどを
おもいだして、したに かきましょう。

〈 ? ? ? ? ? ? ? 〉

?

? ? ? ? ? ? ?
? ? ? ? ? ? ? ?
? ? ? ? ? ? ? ?

ちから

〈 ⟩

●がくしゅうして きた ことを つかえるかな？
① ぶたに ○を つけましょう。

ぶたは **7 （しち・なな）** ひき います。

② かずを よむ れんしゅうを しましょう。
③ かずを かく れんしゅうを しましょう。

7	7	7			

④ かずを ぶろっくに へんしんさせましょう。
したの □に ぶろっくを おきましょう。

⑤ かずを えに へんしんさせましょう。

【ふりかえり】 ●きょうの じゅぎょうは どうだったかな？

▶はやく かけた ひとは、その かおを
えらんだ りゆうを はなして みよう。

「8」の がくしゅう

「1・2・3の がくしゅう」で はっけんした
かあどは なにかな？ はっけんした かあどを
おもいだして、したに かきましょう。

〈 ？ ？ ？ ？ ？ ？ ？ 〉

？

？？？？？？
？ ？？？？？？ ？
？？？？？？？？
ちから

〈 ⟩

● がくしゅうして きた ことを つかえるかな？
① ぱんだに ○を つけましょう。

ぱんだは **8 (はち・はっ)** ひき　います。

② かずを　よむ　れんしゅうを　しましょう。

③ かずを　かく　れんしゅうを　しましょう。

8	8	8			

④ かずを　ぶろっくに　へんしんさせましょう。
　したの　□に　ぶろっくを　おきましょう。

⑤ かずを　えに　へんしんさせましょう。

【ふりかえり】　●きょうの　じゅぎょうは　どうだったかな？

▶はやく　かけた　ひとは、その　かおを
　えらんだ　りゆうを　はなして　みよう。

「9」の がくしゅう

「1・2・3の がくしゅう」で はっけんした
かあどは なにかな？ はっけんした かあどを
おもいだして、したに かきましょう。

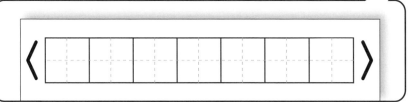

● がくしゅうして きた ことを つかえるかな？

① いぬに ○を つけましょう。

ぱんだは **9 （きゅう）** ひき　います。

② かずを　よむ　れんしゅうを　しましょう。
③ かずを　かく　れんしゅうを　しましょう。

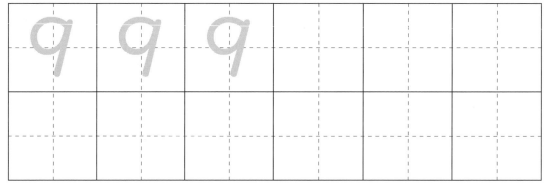

④ かずを　ぶろっくに　へんしんさせましょう。
　　したの　□に　ぶろっくを　おきましょう。

⑤ かずを　えに　へんしんさせましょう。

【ふりかえり】 ●きょうの　じゅぎょうは　どうだったかな？

▶はやく　かけた　ひとは、その　かおを
　えらんだ　りゆうを　はなして　みよう。

「10」の　がくしゅう

「1・2・3の　がくしゅう」で　はっけんした
かあどは　なにかな？　はっけんした　かあどを
おもいだして、したに　かきましょう。

〈？？？？？？？〉

〈　　　　　　　　　〉

```
〈 ？ ？ ？ ？ ？ ？ ？ 〉
       ?
  ？ ？ ？ ？ ？ ？ ？
  ？ ？ ？ ？ ？ ？ ？ ？
  ？ ？ ？ ？ ？ ？ ？ ？
       ちから
```

●がくしゅうして　きた　ことを　つかえるかな？
① いぬに　○を　つけましょう。

いぬは **10（じゅう・じっ・じゅっ）** ぴき　います。

② かずを　よむ　れんしゅうを　しましょう。
③ かずを　かく　れんしゅうを　しましょう。

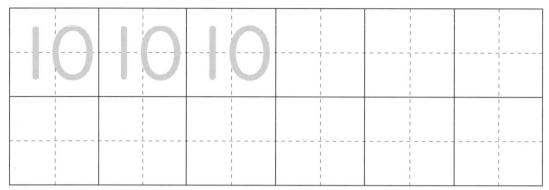

④ かずを　ぶろっくに　へんしんさせましょう。
　したの　□に　ぶろっくを　おきましょう。

⑤ かずを　えに　へんしんさせましょう。

【ふりかえり】 ●きょうの　じゅぎょうは　どうだったかな？

▶はやく　かけた　ひとは、その　かおを
　えらんだ　りゆうを　はなして　みよう。

「0」の がくしゅう

くっきいは なんこ ありますか。

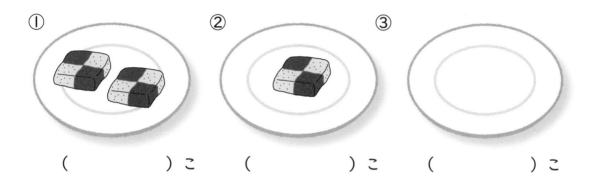

① （　　　　　）こ　　② （　　　　　）こ　　③ （　　　　　）こ

とりは なんびき いますか。

① （　　　　　）わ　　② （　　　　　）わ　　③ （　　　　　）わ

くるまは なんだい ありますか。

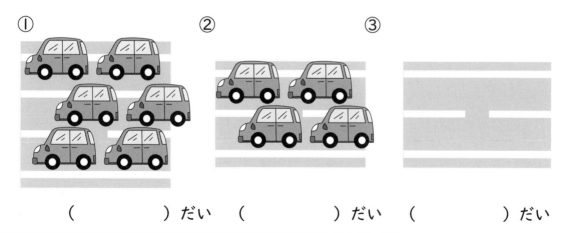

① （　　　　　）だい　　② （　　　　　）だい　　③ （　　　　　）だい

③では、くっきいは　**0（れい）**　こ、とりは　**0**　わ、くるまは
0 だいです。

●かずを　かく　れんしゅうを　しましょう。

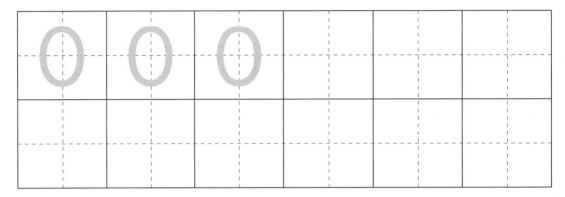

【ふりかえり】　　●きょうの　じゅぎょうは　どうだったかな？

　　　　　　　　　　　▶はやく　かけた　ひとは、その　かおを
えらんだ　りゆうを　はなして　みよう。

「1・2・3の　がくしゅう」で、はっけんした

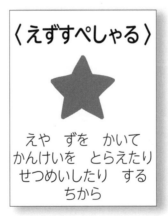

この　かあどを　つかって　4　5　6　7　8　9　10　0も
おなじように　かんがえる　ことが　できたね

さいごに　つぎの　もんだいを　かいけつする　ことが　できたら、
この　かあどを　ますたあしたと　いえるよ。

さあ、　ちょうせんしよう！！

ちゃれんじもんだい！！
これが とけたら かあどを ますたあできるぞ！！

① したの えの なかに ぞうは なんびき いますか？

（　　　　　　　　　　　　　　　　ひき）

② したの えの なかで ６ぴき いる どうぶつの なまえを
かきましょう。

（　　　　　　　　　　　　　　　　　　）

③ いぬが ２ひきと ねこが ３びき あそんで います。
その えを かきましょう。

ちゃれんじもんだい　おつかれさま！！

これで

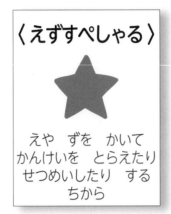

〈えずすぺしゃる〉

えや　ずを　かいて
かんけいを　とらえたり
せつめいしたり　する
ちから

ますたあしたよ！！

　てにいれた　かあどを　どんどん　つかって、
いろんな　もんだいで　がんがん　きたえて　いこう！

【ふりかえり】
●きょうの　じゅぎょうは　どうだったかな？

▶はやく　かけた　ひとは、その　かおを　えらんだ　りゆうを　はなして　みよう。

解答・算数の幹は
こちら➡

　「いくつと　いくつ」を制する者は、1年生算数を制する、と言えるほど、この単元は大切な単元となります。今後の数と計算領域でつまずきがあるときには、この単元にもどってくることをオススメします。

　この単元では、
・10までの数の合成・分解ができること
・10までの数の構成を理解することができること
・数を多面的にとらえることができること
を達成することをねらいとしています。

　例えば、「5は1と？」「1と4で」と聞かれたときにすぐに答えることができるようになるまで、フラッシュカードを使うなど反復練習をしていきましょう。そういったことだけでなく、絵を描いたり、ブロックを使うという経験を少しでも積ませておきたいです。

　この単元では、
ステップ1…「5」は　いくつと　いくつ、「6」は　いくつと　いくつ
ステップ2…「7」は　いくつと　いくつ、「8」は　いくつと　いくつ
ステップ3…「9」は　いくつと　いくつ、「10」は　いくつと　いくつ
という3つのステップに分けています。

　ステップ1では、教師の指示のもと、ブロックを出し、ブロックを分解したり、合成したりしていきます。

　ステップ2では、教師の指示をゆるめていきます。ステップ1で経験してきていることをもとに、子供たち自身でブロックを出し、ブロックを分解したり、合成したりしてまとめていきます。

　ステップ3では、理想は問題を提示して、子供たちに任せます。「えっ!?　そんなことできるのか？」と思われるかもしれませんが、ステップ1、ステップ2の経験を積んでいる子たちは取り組むことができるでしょう。しかし、子供に任せるということに抵抗がある方もいることでしょう。そのときは、ステップ2よりも教師の指示を減らして、取り組んでみましょう。

　最後にもう一度だけ言っておきます。「いくつと　いくつ」を制する者は、1年生算数を制します！

■ 単元の流れ
　　1時間目：「5」は　いくつと　いくつ
　　2時間目：「6」は　いくつと　いくつ／〈わける〉〈あわせる〉の発見
　　3時間目：「7」は　いくつと　いくつ
　　4時間目：「8」は　いくつと　いくつ
　　5時間目：「9」は　いくつと　いくつ
　　6時間目：「10」は　いくつと　いくつ
　　7時間目：チャレンジ問題／〈わける〉〈あわせる〉のマスター

「5」は　いくつと　いくつ

〈えずすぺしゃる〉

えや　ずを　かいて
かんけいを　とらえたり
せつめいしたり　する
ちから

　まえに　ますたあした　**〈えずすぺしゃる〉**の　かあどを
つかったら、つぎの　もんだいは　じぶんで　かいけつ
できるよ！　さあ、もんだいを　みて　みよう。

　あめを　5こ　もって　います。たろうさんと　はなこさんで
わけます。なんこと　なんこに　わける　ことが　できますか。

---

① ぶろっくを　5こ　だしましょう。
② ぶろっくを　わけて、いくつと　いくつと　かきましょう。

ぶろっくを　おく　ばしょ

　　　　　　　　　　　　　　　（　　　　　　）と（　　　　　　）

ぶろっくを　おく　ばしょ

　　　　　　　　　　　　　　　（　　　　　　）と（　　　　　　）

ぶろっくを　おく　ばしょ

　　　　　　　　　　　　　　　（　　　　　　）と（　　　　　　）

ぶろっくを　おく　ばしょ

　　　　　　　　　　　　　　　（　　　　　　）と（　　　　　　）

③ 5は　いくつと　いくつで　できて　いるのか　おんどくしましょう。

　きょうの　もんだいでも　**〈えずすぺしゃる〉**を　つかって
かいけつする　ことが　できたね。つぎからも　この　ちょうしで
さんすうの　がくしゅうを　すすめて　いこう！

【ふりかえり】　●きょうの　じゅぎょうは　どうだったかな？

▶はやく　かけた　ひとは、その　かおを
　えらんだ　りゆうを　はなして　みよう。

「6」は いくつと いくつ

〈えずすぺしゃる〉

えや ずを かいて かんけいを とらえたり せつめいしたり する ちから

　まえに　ますたあした　〈**えずすぺしゃる**〉の　かあどを
つかったら、つぎの　もんだいは　じぶんで　かいけつ
できるよ！　さあ、もんだいを　みて　みよう。

> 　あめを　6こ　もって　います。たろうさんと　はなこさんで
> わけます。なんこと　なんこに　わける　ことが　できますか。

① 　ぶろっくを　6こ　だしましょう。
② 　ぶろっくを　わけて、いくつと　いくつと　かきましょう。

ぶろっくを　おく　ばしょ

（　　　　　　　）と（　　　　　　　）

ぶろっくを　おく　ばしょ

（　　　　　　　）と（　　　　　　　）

ぶろっくを　おく　ばしょ

（　　　　　　　）と（　　　　　　　）

ぶろっくを　おく　ばしょ

（　　　　　　　）と（　　　　　　　）

ぶろっくを　おく　ばしょ

（　　　　　　　）と（　　　　　　　）

③ 　6は　いくつと　いくつで　できて　いるのか　おんどくしましょう。

【ふりかえり】　　●きょうの　じゅぎょうは　どうだったかな？

　　　　　　　　　▶はやく　かけた　ひとは、その　かおを
　　　　えらんだ　りゆうを　はなして　みよう。

「6」は いくつと いくつ

〈えずすぺしゃる〉

えや ずを かいて
かんけいを とらえたり
せつめいしたり する
ちから

　まえに ますたあした 〈えずすぺしゃる〉の かあどを
つかったら、つぎの もんだいは じぶんで かいけつ
できるよ！ さあ、もんだいを みて みよう。

> 　あめを 6こ もって います。たろうさんと はなこさんで
> わけます。なんこと なんこに わける ことが できますか。

① ぶろっくを 6こ だしましょう。 あめの代わりに6個出しましょうと言いましょう。

② ぶろっくを わけて、いくつと いくつと かきましょう。

ぶろっくを おく ばしょ
ここにブロックを置くように指示をしましょう。

ブロック1個を左に動かせて、残りは何個か聞き、その数を下に書きましょう。

（　　　　　）と（　　　　　）

ぶろっくを おく ばしょ

ブロック2個を左に動かせて、残りは何個か聞き、その数を下に書きましょう。

（　　　　　）と（　　　　　）

ぶろっくを おく ばしょ

ブロック3個を左に動かせて、残りは何個か聞き、その数を下に書きましょう。

（　　　　　）と（　　　　　）

ぶろっくを おく ばしょ

ブロック4個を左に動かせて、残りは何個か聞き、その数を下に書きましょう。

（　　　　　）と（　　　　　）

ぶろっくを おく ばしょ

ブロック5個を左に動かせて、残りは何個か聞き、その数を下に書きましょう。

（　　　　　）と（　　　　　）

③ 6は いくつと いくつで できて いるのか おんどくしましょう。

先生「6は1と」、子供「5」。という掛け合いをしていきましょう。
慣れてきたらランダムで指示をしていきましょう。

これまでの　がくしゅうを　ふりかえろう

【ふりかえり】
●ここまでの　がくしゅうを　まとめて　ふりかえると、どんな
かんじだったかな？

▶その　かおを　えらんだ　りゆうを　ともだちと　はなして　みよう。

　ふりかえりを　せつめいする　ときに　つぎの　ことばを　つかえたら
☐の　なかを　ぬりつぶそう。ぜんぶ　つかえたら　すごい！！！

| わける | かず | あらわす |

　「5は　いくつと　いくつ」「6は　いくつと　いくつ」で、かずを
じゆうに　わけて　きたね。じつは　それと　どうじに　かずを
あわせて　いた　ことにも　きづいて　いたかな？

　だから、みんなは

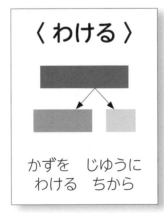

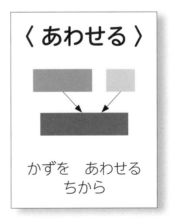

という　2まいの　かあどを　はっけんしたよ！

　この　かあどを　ますたあする　ために、この　かあどの
れんしゅうを　して　いこう！

「7」は　いくつと　いくつ

「5は　いくつと　いくつ」「6は　いくつと　いくつ」で
はっけんした　かあどは　なんでしたか？　はっけんした　かあどの
なまえを　おもいだして、したの　〈　〉に　かきましょう。

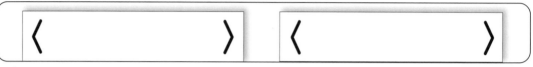

| 〈　　　　　　　　　〉 | 〈　　　　　　　　　　　〉 |

●がくしゅうして　きた　ことを　つかえるかな？

> あめを　7こ　もって　います。たろうさんと　はなこさんで
> わけます。なんこと　なんこに　わける　ことが　できますか。

① あめを　ぶろっくに　へんしんさせましょう。

② 7この　ぶろっくを　2つに　わけて　みましょう。
　あなたは　なんこと　なんこに　わけましたか。
　　　　　　　　　　　　　　（　　　　　　　）と（　　　　　　）

③ なんこと　なんこに　わけたか、ともだちに　はなしましょう。
　　はなしを　した　ともだちの　なまえ（　　　　　　　　　　　）

●わけかたは　それだけかな？

④ みつけた　わけかたを、したに　すうじで　かきましょう。
　（　　　　）と（　　　　　）、（　　　　　）と（　　　　　）
　（　　　　）と（　　　　　）、（　　　　　）と（　　　　　）
　（　　　　）と（　　　　　）、（　　　　　）と（　　　　　）

　きょうの　もんだいでも　はっけんした　かあどを　つかって
かいけつする　ことが　できたね。つぎからも　この　ちょうしで
さんすうの　がくしゅうを　すすめて　いこう！

【ふりかえり】　●きょうの　じゅぎょうは　どうだったかな？

　　　　　　▶はやく　かけた　ひとは、その　かおを
　　　　　　　　　　　　　　　　　　　　　えらんだ　りゆうを　はなして　みよう。

「8」は いくつと いくつ

「5は いくつと いくつ」「6は いくつと いくつ」で、
はっけんした かあどは なんでしたか？ はっけんした かあどの
なまえを おもいだして、したの 〈 〉に かきましょう。

〈　　　　　　　　　　〉　　〈　　　　　　　　　　　　〉

●がくしゅうして きた ことを つかえるかな？

　　あめを 8こ もって います。たろうさんと はなこさんで
わけます。なんこと なんこに わける ことが できますか。

① あめを ぶろっくに へんしんさせましょう。

② 8この ぶろっくを 2つに わけましょう。
　あなたは なんこと なんこに わけましたか。
　　　　　　　　　　　（　　　　　　　　）と（　　　　　　　）
③ なんこと なんこに わけたか、ともだちに はなしましょう。
　　はなしを した ともだちの なまえ（　　　　　　　　　　）
●わけかたは それだけかな？
④ みつけた わけかたを、したに すうじで かきましょう。
　　（　　　　　）と（　　　　　）、（　　　　　）と（　　　　　）
　　（　　　　　）と（　　　　　）、（　　　　　）と（　　　　　）
　　（　　　　　）と（　　　　　）、（　　　　　）と（　　　　　）
　　（　　　　　）と（　　　　　）
　きょうの もんだいでも はっけんした かあどを つかって
かいけつする ことが できたね。つぎからも この ちょうしで
さんすうの がくしゅうを すすめて いこう！

【ふりかえり】　●きょうの じゅぎょうは どうだったかな？

  　▶はやく かけた ひとは、その かおを
　　　　　　　　　　　　　　　　　　　　えらんだ りゆうを はなして みよう。

「9」は　いくつと　いくつ

「5は　いくつと　いくつ」「6は　いくつと　いくつ」で、
はっけんした　かあどは　なんでしたか？　はっけんした　かあどの
なまえを　おもいだして、したの　〈　〉に　かきましょう。

●がくしゅうして　きた　ことを　つかえるかな？

> あめを　9こ　もって　います。たろうさんと　はなこさんで
> わけます。なんこと　なんこに　わける　ことが　できますか。

① なんこと　なんこに　わけるか、かんがえて　かきましょう。

② みつけた　わけかたを、したに　すうじで　かきましょう。
　　（　　　　　）と（　　　　　）、（　　　　　）と（　　　　　）
　　（　　　　　）と（　　　　　）、（　　　　　）と（　　　　　）
　　（　　　　　）と（　　　　　）、（　　　　　）と（　　　　　）
　　（　　　　　）と（　　　　　）、（　　　　　）と（　　　　　）

③ なんこと　なんこに　わけたか、ともだちに　はなしましょう。
　　はなしを　した　ともだちの　なまえ（　　　　　　　　　　　）

　きょうの　もんだいでも　はっけんした　かあどを　つかって
かいけつする　ことが　できたね。つぎからも　この　ちょうしで
さんすうの　がくしゅうを　すすめて　いこう！

【ふりかえり】　●きょうの　じゅぎょうは　どうだったかな？

　　　　　　　　▶はやく　かけた　ひとは、その　かおを
　　　　　　　　　　　　　　　　　　　　　　　えらんだ　りゆうを　はなして　みよう。

「10」は いくつと いくつ

「5は いくつと いくつ」「6は いくつと いくつ」で、
はっけんした かあどは なんでしたか？ はっけんした かあどの
なまえを おもいだして、したの 〈 〉に かきましょう。

〈 〉	〈 〉

●がくしゅうして きた ことを つかえるかな？

> あめを 10こ もって います。たろうさんと はなこさんで
> わけます。なんこと なんこに わける ことが できますか。

① なんこと なんこに わけるか、かんがえて かきましょう。

②　みつけた わけかたを、したに すうじで かきましょう。
（　　　）と（　　　）、（　　　）と（　　　）
（　　　）と（　　　）、（　　　）と（　　　）
（　　　）と（　　　）、（　　　）と（　　　）
（　　　）と（　　　）、（　　　）と（　　　）
（　　　）と（　　　）

③　なんこと なんこに わけたか、ともだちに はなしましょう。
　　はなしを した ともだちの なまえ（　　　　　　　　　　　）

　きょうの もんだいでも はっけんした かあどを つかって
かいけつする ことが できたね。つぎからも この ちょうしで
さんすうの がくしゅうを すすめて いこう！

【ふりかえり】　●きょうの じゅぎょうは どうだったかな？

　　　　▶はやく かけた ひとは、その かおを
　　　　　　　　　　　　　　　　　　　　　えらんだ りゆうを はなして みよう。

れんしゅう しゅうりょう！！

「5は いくつと いくつ」「6は いくつと いくつ」で、
はっけんした

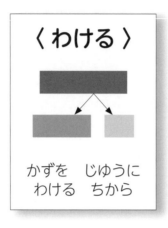

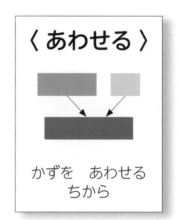

　この カードを つかって、7　8　9　10も おなじように
かんがえる ことが できたね

　さいごに つぎの ちゃれんじもんだいを かいけつする ことが
できたら、この かあどを ますたあしたと いえるよ！

　さあ、　ちょうせん しよう！！

ちゃれんじもんだい！！
これが　とけたら　かあどを　ますたあできるぞ！！

　ちょこれえとを　10こ　もって　います。
　あまい　ものが　すきな　たろうさんと
あまい　ものが　すきでは　ない　はなこさんで
わけます。
　あなたなら　なんこと　なんこに　わけますか。

① なんこと　なんこに　わけるか　かんがえましょう。

② わけた　りゆうを　せつめいしましょう。

③ なんこと　なんこに　わけたか、ともだちに　はなしましょう。
　　はなしを　した　ともだちの　なまえ（　　　　　　　　　　　　　　　）

ちゃれんじもんだい　おもしろかったね！！

これで

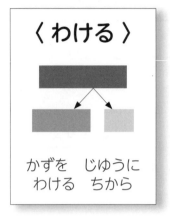

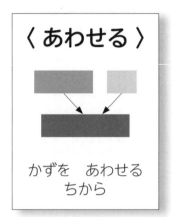

ますたあしたよ！！

　てにいれた　かあどを　どんどん　つかって
いろんな　もんだいで　がんがん　きたえて　いこう！

　ついに　〈わける〉〈あわせる〉の　かあどを　ますたあしたね！
　この　2つの　かあどを　つかえば　さんすうの　もんだいを
たくさん　かいけつできるよ。

【ふりかえり】
●きょうの　じゅぎょうは　どうだったかな？

▶はやく　かけた　ひとは、その　かおを　えらんだ　りゆうを　はなして　みよう。

たし算では合併、増加といった学習を行っていきます。

　合併とは、同時に存在する２つの数量を合わせた大きさを求める場合

　増加とは、はじめにある数量に追加したり、それから増加したときの大きさを求める場合

（引用サイトhttps://www.shinko-keirin.co.jp/keirinkan/sansu/WebHelp/01/page1_06.html）

　しかし、たし算は新しい学習ではありません。これまでに学習してきたことを使うことで、考えることができます。子供たちはここまでに、〈えずすぺしゃる〉〈あわせる〉〈わける〉というカードを獲得しています。そして、〈あわせる〉〈わける〉カードを獲得した「いくつと　いくつ」の学習が子供たちに定着していれば、スラスラ考えていくことができる単元です。

　この単元では、問題文を把握するために、立式をするために、計算の仕方を説明するために〈えずすぺしゃる〉を使います。

　３を２と合わせると５、４を５と合わせると９など、数と数を〈あわせる〉カードが大活躍します。３を２と合わせるということは、つまり３＋２のことです。４を５と合わせるということは、つまり４＋５のことです。このように「いくつと　いくつ」で学習してきたことを使い、たし算については考えていくことができます。

　このように、これまでに獲得してきたカードで、たし算はもう解決できるのです。

　〈えずすぺしゃる〉〈あわせる〉のカードをこの単元までに子供たちが獲得しきれていないと思われた場合は、この単元においてカードを獲得できるように指導していきましょう。「今日はどんなカードを使った？」「今って、カードを使ったよね？　気づいた？」と子供たちに伝えたり、「○○のカードを使うとできるよ！」と言った子がいたときには「すごい！　カードを使えているね！」とその子の活動を意味付けていってあげましょう。そうすることで、子供たちもカードにより慣れ親しんでいくことでしょう。

　４時間目、８時間目の「さんすうの　みき（算数の幹）」とは、葛原氏が提唱している算数科文章題作問演習プリントのことです。文章題、絵や図、式などと変換することで、文章題の苦手意識がなくなっていきます。

■ **単元の流れ**　※この単元で新しく獲得するカードはありません。

　　１時間目：合併１

　　２時間目：合併２

　　３時間目：合併３

　　４時間目：「さんすうの　みき」１

　　５時間目：増加１

　　６時間目：増加２

　　７時間目：増加３

　　８時間目：「さんすうの　みき」２

たしざん　1じかんめ

　これまでに　ますたあした　かあどを　つかったら　つぎの
もんだいは　じぶんで　かいけつできるよ！　どの　かあどを
つかえば　かいけつできると　おもうかな？
　さあ、もんだいを　みて　みよう。

　あおい　はなが　3つ、
あかい　はなが　2つ　さいて　います。
　あわせて、いくつ　さいて　いますか。

●さて、みんなは　どの　かあどが　つかえると　かんがえたかな？
① つかえると　かんがえた　かあどの　□に　○を　つけましょう。

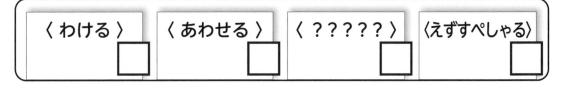

〈 わける 〉　□　　〈 あわせる 〉　□　　〈 ????? 〉　□　　〈えずすぺしゃる〉　□

●さあ、ほんとうに　その　かあどを　つかって　もんだいを
　かいけつできるか　しらべて
　みよう。
② ①の　もんだいの　えを
　みぎの　かあどに　かいて
　みましょう。

〈　　　　　　　〉

●はやく　かけた　ひとは
　えを　つかって、
　かあどを　えらんだ
　りゆうを　ともだちに
　せつめいして　みよう。

③ もんだいの　ぶんから、すうを
　ぬきだしましょう。
　（　　　　　　　）と（　　　　　　　）

かずを　あわせる
ちから

④ ことばで くみたてましょう。

（　　　　）と （　　　　）を あわせると、（　　　）に
なる。

こたえ：さいて いる はなは（　　　）つ

⑤ ことばで かいた ことを しきに へんしんさせると
こう なります。

$$3 + 2 = 5$$

「 さん　たす　に　は　ご 」 と よみます。

⑥ みんなで いっしょに しきを よみましょう。
よめたら、＋と ＝を かく れんしゅうを しましょう。

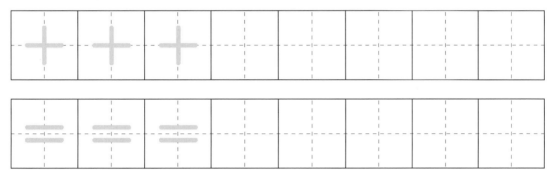

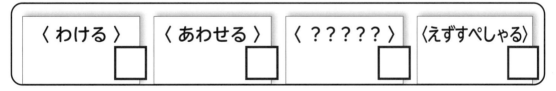

●きょうの もんだいを とく ために つかった かあどは
どれだったかな？ □に ○を つけよう。

〈 わける 〉 □	〈 あわせる 〉 □	〈 ????? 〉 □	〈えずすぺしゃる〉 □

そうだね。あたらしい もんだいでも これまでに てにいれた
かあどを つかえば かいけつする ことが できるんだね。
つぎからも この ちょうしで さんすうの がくしゅうを
すすめて いこう！

【ふりかえり】　●きょうの じゅぎょうは どうだったかな？

▶はやく かけた ひとは、その かおを
えらんだ りゆうを はなして みよう。

たしざん　2じかんめ

きょうも　たしざんの　がくしゅうを　するよ。
まずは　もんだいを　みて　みよう。

> あかい　えんぴつが　2ほん、
> あおい　えんぴつが　1ぽん　あります
> えんぴつは　ぜんぶで　なんぼん　ありますか。

●どの　かあどが　つかえるかな？
　つかえると　かんがえた　かあどの　□に　〇を　つけよう。

〈 わける 〉 □	〈 あわせる 〉 □	〈 ????? 〉 □	〈えずすぺしゃる〉 □

① まず、えや　ずを　かいて　みましょう。

② つぎに　ことばで　すうを　くみたてます。
　もじを　なぞりましょう。

> 2と　1を　あわせると　3に　なります。

③ しきを　かいて、こたえましょう。

　　　□　＋　□　＝　□

　　　　　　　　　　　こたえ：えんぴつは（　　　　　）ほん

④ しきが　かけたら　こえに　だして　よんで　みましょう。

●きょうの　もんだいを　とく　ために　つかった　かあどは
どれだったかな？　かあどの　□に　○を　つけよう。

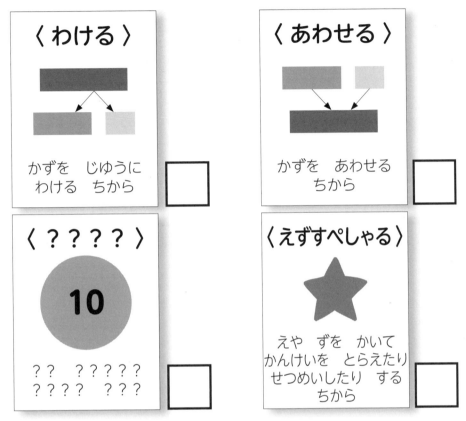

きょうの　もんだいでも　これまでに　てにいれた　かあどを
つかえば　かいけつする　ことが　できたね。

さんすうでは　こうやって　いままでに　みにつけた　かんがえかたを
つかって　かいけつする　ことが　たくさんあるよ。
おぼえて　おいてね。

つぎからも　この　ちょうしで、さんすうの　がくしゅうを
すすめて　いこう！

【ふりかえり】
●きょうの　じゅぎょうは　どうだったかな？

▶はやく　かけた　ひとは、その　かおを　えらんだ　りゆうを　はなして　みよう。

たしざん　3じかんめ

> くろい　ねこが　2ひき、
> しろい　ねこが　5ひき　います。
> ねこは、ぜんぶで　なんびき　いますか。

●どの　かあどが　つかえるかな？
　つかえると　かんがえた　かあどの　□に　〇を　つけよう。

〈 わける 〉 □	〈 あわせる 〉 □	〈 ？？？？？ 〉 □	〈えずすぺしゃる〉 □

① まず、えや　ずを　かいて　すうを　くみたてましょう。

② ことばで　くみたてます。もじを　なぞりましょう。

> 2と　5を　あわせると　7に　なります。

③ しきを　かいて、こたえましょう。

しき：

こたえ：　　　　　ひき

④ きょうかしょの　たしざんの　もんだいを　れんしゅうしましょう。

●きょうの　もんだいを　とく　ために　つかった　かあどは
どれだったかな？　かあどの　□に　○を　つけよう。

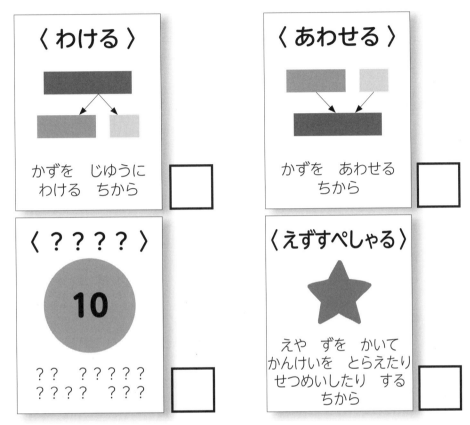

　やっぱり　きょうの　もんだいでも、これまでに　てにいれた
かあどを　つかえば　かいけつする　ことが　できたね。

　つぎからも　この　ちょうしで、さんすうの　がくしゅうを
すすめて　いこう！

【ふりかえり】
●きょうの　じゅぎょうは　どうだったかな？

▶はやく　かけた　ひとは、その　かおを　えらんだ　りゆうを　はなして　みよう。

たしざん　4じかんめ

　ここまでに　がくしゅうした　たしざんの　「さんすうの　みき」を
そだてよう。

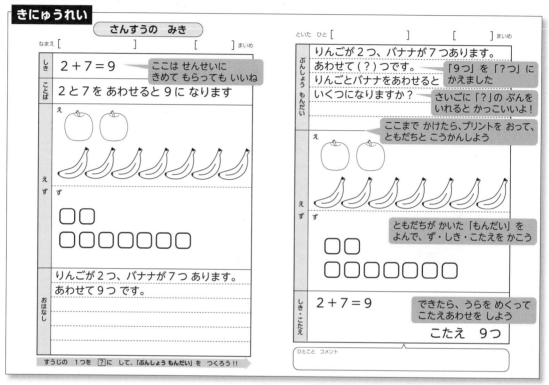

●きょうの　もんだいを　とく　ために　つかった　かあどは
どれだったかな？　かあどの　□に　○を　つけよう。

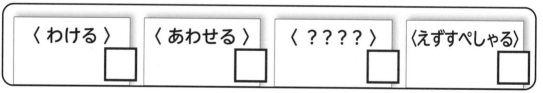

　これまでに　てにいれた　かあどを　つかえば、もんだいを
つくったり　かいけつしたり　「さんすうの　みき」を　しっかりと
そだてる　ことが　できたね。
　つぎからも　この　ちょうしで　さんすうの　がくしゅうを　すすめて
いこう！

【ふりかえり】　●きょうの　じゅぎょうは　どうだったかな？

　　　　　　　　▶はやく　かけた　ひとは、その　かおを
　　　　　　　　　　　　　　　　　　　　　　えらんだ　りゆうを　はなして　みよう。

たしざん　5 じかんめ

きんぎょが　すいそうに　6ぴき　います。
2ひき　いれました。
ぜんぶで　なんびきに　なりますか。

●どの　かあどが　つかえるかな？
　つかえると　かんがえた　かあどの　□に　○を　つけよう。

〈 わける 〉 □　　〈 あわせる 〉 □　　〈 ?????? 〉 □　　〈えずすぺしゃる〉 □

① えや　ずを　かいて　すうを　くみたてましょう。

　あれ？　これまでの　えや　ずと　ちがう　ところに　きづいたかな？
　はやく　かけた　ひとは、えや　ずを　つかって　かあどを　えらんだ
りゆうを　ともだちに　せつめいして　みよう。

② ことばで　くみたてましょう。

③ しきを　かいて、こたえましょう。

しき：

こたえ：　　　　　ひき

●きょうの　もんだいを　とく　ために　つかった　かあどは
どれだったかな？　かあどの　□に　○を　つけよう。

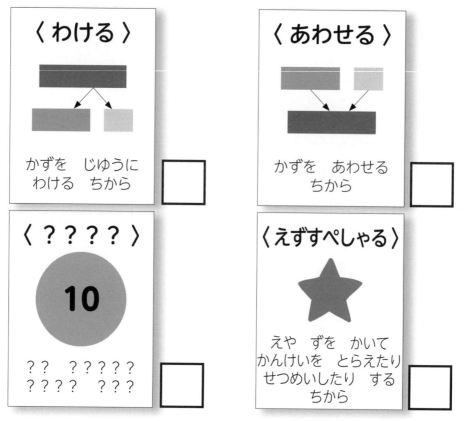

これまでの　えや　ずと　かたちが　かわっても、これまでに
てにいれた　かあどを　つかえば　かいけつする　ことが　できたね。

　１つの　かんがえかたで　いろんな　もんだいを　かいけつする
ことが　できるんだ。

　つぎからも　この　ちょうしで　さんすうの　がくしゅうを
すすめて　いこう！

【ふりかえり】
●きょうの　じゅぎょうは　どうだったかな？

▶はやく　かけた　ひとは、その　かおを　えらんだ　りゆうを　はなして　みよう。

たしざん　6じかんめ

あめを　7こ　もって　います。
2こ　もらいました。
ぜんぶで　なんこに　なりますか。

●どの　かあどが　つかえるかな？
　つかえると　かんがえた　かあどの　□に　○を　つけよう。

〈 わける 〉	〈 あわせる 〉	〈 ？？？？？ 〉	〈えずすぺしゃる〉
□	□	□	□

① えや　ずを　かいて、すうを　くみたてましょう。

② ことばで　くみたてましょう。

③ しきを　かいて、こたえましょう。

しき：

こたえ：　　　　　　こ

63

こうえんに ともだちが 3にん いました。
5にん あそびに きました。
ぜんぶで なんにんに なりますか。

① えや ずを かいて、すうを くみたてましょう。

② ことばで くみたてましょう。

③ しきを かいて、こたえましょう。

しき：

こたえ：　　　　　　にん

●きょうの もんだいを とく ために つかった かあどは
どれだったかな？ かあどの □に ○を つけよう。

| 〈 わける 〉 □ | 〈 あわせる 〉 □ | 〈 ????? 〉 □ | 〈えずすぺしゃる〉 □ |

すこし もんだいの かたちが かわっても これまでに
てにいれた かあどを つかえば かいけつする ことが できたね。

　1つの かんがえかたで いろんな もんだいを かいけつする
ことが できるんだ。

つぎからも このちょうしで さんすうの がくしゅうを すすめて
いこう！

【ふりかえり】　●きょうの じゅぎょうは どうだったかな？

▶はやく かけた ひとは、その かおを
えらんだ りゆうを はなして みよう。

たしざん　7じかんめ

じどうしゃが　4だい　とまって　います。
3だい　くると　ぜんぶで　なんだいに　なりますか。

●どの　かあどが　つかえるかな？
　つかえると　かんがえた　かあどの　□に　〇を　つけよう。

〈 わける 〉 □	〈 あわせる 〉 □	〈 ????? 〉 □	〈えずすぺしゃる〉 □

　きょうは、じぶんで　かんがえて　いくよ！

① まず、どんな　ことを　すれば　よいでしょうか。

② つぎに　どんな　ことを　すれば　よいでしょうか。

③ さいごに　しきを　かいて、こたえを　もとめましょう。

しき：

こたえ：　　　　　　だい

④ どうして　その　こたえに　なったのか、えや　ずを　つかって
　せつめいしましょう。

えんぴつが　4ほん　あります。
おかあさんから　2ほん　もらいました。
えんぴつは　ぜんぶで　なんぼんに　なりましたか。

●これも　じぶんで　かんがえて　みよう！

【えや　ずを　つかって　かんがえる　ばしょ】

しき：

こたえ：　　　　　　ほん

こうえんに　ともだちが　3にん　いました。
5にん　あそびに　きました。
ぜんぶで　なんにんに　なりますか。

●これも　じぶんで　かんがえて　みよう！

【えや　ずを　つかって　かんがえる　ばしょ】

しき：

こたえ：　　　　　　にん

●きょうの もんだいを とく ために つかった かあどは
どれだったかな？ かあどの □に ○を つけよう。

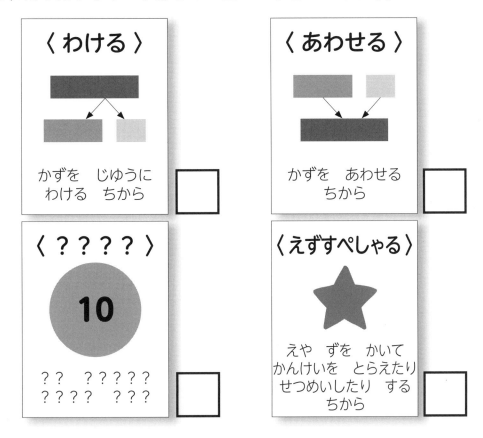

1まいの カードで たくさんの もんだいを とくことが
できたね。

つぎからも この ちょうしで さんすうの がくしゅうを
すすめて いこう！

【ふりかえり】
●きょうの じゅぎょうは どうだったかな？

▶はやく かけた ひとは、その かおを えらんだ りゆうを はなして みよう。

たしざん　8じかんめ

　ここまでに　がくしゅうした　たしざんの　「さんすうの　みき」を
そだてよう。

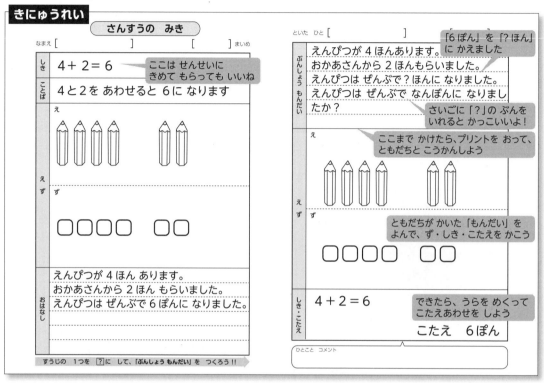

●きょうの　もんだいを　とく　ために　つかった　かあどは
どれだったかな？　つかった　かあどの　□に　○を　つけよう。

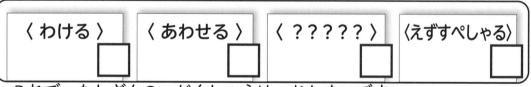

　これで　たしざんの　がくしゅうは　おしまいです。
　1つの　かあどで　たくさんの　もんだいを　かいけつできる
ことが　わかったね。
　つぎの　がくしゅうでは　ちがう　かあどを　つかう　もんだいも
あるのかな？　つぎからも　この　ちょうしで　さんすうの
がくしゅうを　すすめて　いこう！
【ふりかえり】　●きょうの　じゅぎょうは　どうだったかな？

▶はやく　かけた　ひとは、その　かおを
えらんだ　りゆうを　はなして　みよう。

4章 ひきざん

　ひき算は、たし算と同様に新しい学習ではありません。これまでに学習してきたこと、カードを使う学習です。本単元で使用するカードは、〈わける〉〈えずすぺしゃる〉です。

　ひき算では、求残、求差、求補を学習します。

求残…はじめの数量の大きさから、取り去ったり、減少したときの残りの大きさを求める場合
求差…２つの数量の差を求める場合
求補…全体とその一部分がわかっていて、他方を求める場合
（引用https://www.shinko-keirin.co.jp/keirinkan/sansu/WebHelp/01/page1_10.html）

　たし算でも書きましたが、子供たちはここまでに、〈えずすぺしゃる〉〈あわせる〉〈わける〉というカードを獲得しています。そして、〈あわせる〉〈わける〉カードを獲得した「いくつと　いくつ」の学習が子供たちに定着していれば、スラスラ考えていくことができる単元です。

　この単元では、問題文を把握するために、立式をするために、計算の仕方を説明するために〈えずすぺしゃる〉を使います。

　８は５と３、９は６と３など、数と数を〈わける〉カードが大活躍します。８を５と３に分けるということは８－５＝３、９を６と３に分けるということは９－６＝３になります。このように「いくつと　いくつ」で学習してきたことを使い、ひき算については考えていくことができます。

　〈わける〉〈えずすぺしゃる〉のカードをこの単元までに子供たちが獲得しきれていないと思われた場合は、この単元においてカードを獲得できるように特訓の単元などを使用して、指導していきましょう。

■ 単元の流れ　※この単元で新しく獲得するカードはありません。
　　１時間目：求残１
　　２時間目：求残２
　　３時間目：求残３
　　４時間目：「さんすうの　みき」１
　　５時間目：求差１
　　６時間目：求差２・求補
　　７時間目：「さんすうの　みき」２

ひきざん　1じかんめ

　これまでに　ますたあした　かあどを　つかったら　つぎの
もんだいは　じぶんで　かいけつできるよ！
　どの　かあどを　つかえば　かいけつできると　おもうかな？
　さあ、もんだいを　みて　みよう。

　きんぎょが　5ひき　すいそうに　います。
2ひき、すくいました。
　のこりは、なんびきに　なりますか。

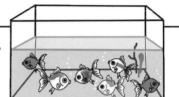

●さて、みんなは　どの　かあどが　つかえると　かんがえたかな？
　つかえると　かんがえた　かあどの　□に　○を　つけよう。

〈 わける 〉 □	〈 あわせる 〉 □	〈 ？？？？？ 〉 □	〈えずすぺしゃる〉 □

　さあ、ほんとうに　その　かあどを　つかって　もんだいを
かいけつできるか　しらべて　みよう。

① うえの　もんだいを、えで　あらわして　みましょう。

> えを　つかえば
> せつめい　しやすいね!

　はやく　かけた　ひとは　えを　つかって　かあどを　えらんだ
りゆうを　ともだちに　せつめいして　みよう。

② もんだいの　ぶんから　すうを　ぬきだしましょう。

　　　　　　　　　（　　　　　　　　）と（　　　　　　　　）

③ ことばで　くみたてましょう。

　（　　　　　　　　）から　（　　　　　　　　）を　とりのぞくと、
（　　　　　　　　）に　なります。

　　　　　こたえ：のこりの　きんぎょは　（　　　　　　　　）ひき

④ ことばで かいた ことを しきに へんしんさせると こう
なります。

$$5 - 2 = 3$$

「 ご　ひく　に　は　さん 」と　よみます。

みんなで　いっしょに　しきを　よみましょう。

⑤ よめたら、－と ＝を かく れんしゅうを しましょう。

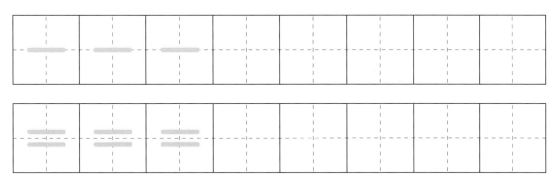

　このように　－を　つかって　しきを　けいさんする　ことを
「ひきざん」と　いいます。

●きょうの　もんだいを　とく　ために　つかった　かあどは
どれだったかな？　□に　○を　つけよう。

〈 わける 〉 □	〈 あわせる 〉 □	〈 ????? 〉 □	〈えずすぺしゃる〉 □

　そうだね。あたらしい　もんだいでも　これまでに　てにいれた
かあどを　つかえば　かいけつする　ことが　できるんだね。

　つぎからも　この　ちょうしで　さんすうの　がくしゅうを　すすめて
いこう！

【ふりかえり】　●きょうの　じゅぎょうは　どうだったかな？

  　▶はやく　かけた　ひとは、その　かおを
　　えらんだ　りゆうを　はなして　みよう。

ひきざん　2じかんめ

きょうも　ひきざんの　がくしゅうを　するよ。
まずは　もんだいを　みて　みよう。

> おりがみが　9まい　あります。
> 4まい　つかいました。
> のこりは、なんまいに　なりますか。

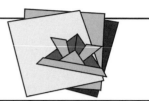

●どの　かあどが　つかえるかな？
　つかえると　かんがえた　かあどの　□に　〇を　つけよう。

| 〈 わける 〉 □ | 〈 あわせる 〉 □ | 〈 ????? 〉 □ | 〈えずすぺしゃる〉 □ |

① えに　かいて　みましょう。

②　ことばで　すうを　くみたてます。もじを　なぞりましょう。

> 9から　4を　とりのぞくと、5に　なります。

③　しきを　かいて、こたえましょう。

□　－　□　＝　□

こたえ：のこりの　おりがみは　（　　　　）まい

④　しきが　かけたら　こえに　だして　よんで　みましょう。

●きょうの　もんだいを　とく　ために　つかった　かあどは
どれだったかな？　かあどの　□に　○を　つけよう。

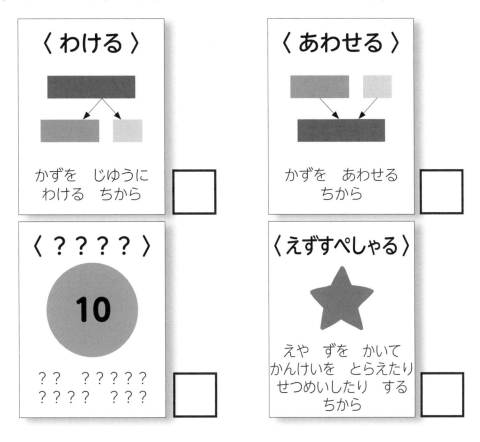

きょうの　もんだいでも　これまでに　てにいれた　かあどを
つかえば　かいけつする　ことが　できたね。

たしざんと　おなじように、ひきざんでも　いままでの
かんがえかたを　つかえるんだね。

つぎからも　この　ちょうしで、さんすうの　がくしゅうを
すすめて　いこう。

【ふりかえり】
●きょうの　じゅぎょうは　どうだったかな？

▶はやく　かけた　ひとは、その　かおを　えらんだ　りゆうを　はなして　みよう。

ひきざん　3じかんめ

こどもが　9にん　あそんで　います。
こどもが　3にん　かえりました。
のこりは　なんにんに　なりましたか。

●どの　かあどが　つかえるかな？
　つかえると　かんがえた　かあどの　□に　○を　つけよう。

| 〈 わける 〉 □ | 〈 あわせる 〉 □ | 〈 ????? 〉 □ | 〈えずすぺしゃる〉 □ |

① えを　かいて　すうを　くみたてましょう。

② ことばで　すうを　くみたてます。もじを　なぞりましょう。

9から　3を　とりのぞくと、6に　なります。

③ しきを　かいて、こたえましょう。

しき：

こたえ：　　　　　　　にん

④ きょうかしょの　ひきざんの　もんだいを　れんしゅうしましょう。

●きょうの　もんだいを　とく　ために　つかった　かあどは
どれだったかな？　かあどの　□に　○を　つけよう。

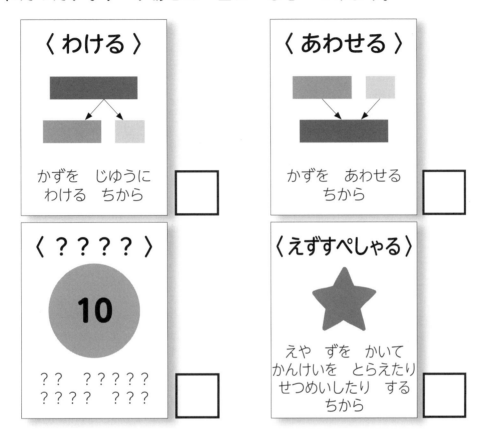

やっぱり　きょうの　もんだいでも　これまでに　てにいれた
かあどを　つかえば　かいけつする　ことが　できたね。

つぎからも　この　ちょうしで、さんすうの　がくしゅうを
すすめて　いこう。

【ふりかえり】
●きょうの　じゅぎょうは　どうだったかな？

▶はやく　かけた　ひとは、その　かおを　えらんだ　りゆうを　はなして　みよう。

ひきざん　4じかんめ

　ここまでに　がくしゅうした　ひきざんの　「さんすうの　みき」を
そだてよう。

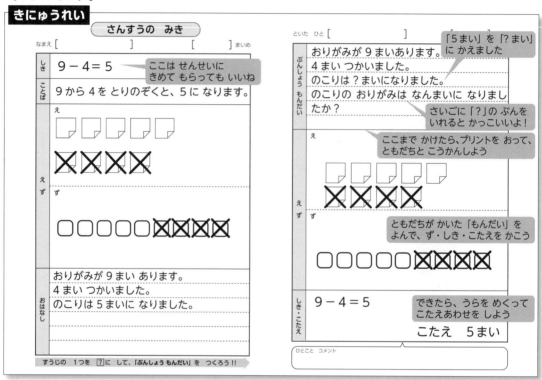

●きょうの　もんだいを　とく　ために　つかった　かあどは
　どれだったかな？　つかった　かあどの　□に　○を　つけよう。

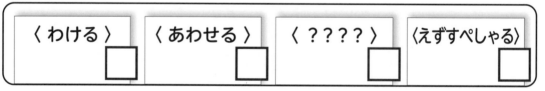

　これまでに　てにいれた　かあどを　つかえば　もんだいを
つくったり　かいけつしたり　「さんすうの　みき」を　しっかりと
そだてる　ことが　できたね。
　つぎからも　この　ちょうしで、さんすうの　がくしゅうを
すすめて　いこう！

【ふりかえり】　●きょうの　じゅぎょうは　どうだったかな？

　　　　▶はやく　かけた　ひとは、その　かおを
　　　　　えらんだ　りゆうを　はなして　みよう。

ひきざん　5じかんめ　ちがいは　いくつ

> おとこのこが　8にん　います。
> おんなのこが　5にん　います。
> 　おとこのこは、おんなのこより　なんにん　おおいですか。

●どの　かあどが　つかえそうかな？
　つかえると　かんがえた　かあどの　□に　〇を　つけよう。

| 〈 わける 〉 □ | 〈 あわせる 〉 □ | 〈 ????? 〉 □ | 〈えずすぺしゃる〉 □ |

① えや　ずを　かいて、すうを　くみたてましょう。

あれ？　これまでの　えや　ずと　ちがう　ところに　きづいたかな？
　はやく　かけた　ひとは　えや　ずを　つかって　かあどを　えらんだ
りゆうを　ともだちに　せつめいして　みよう。
② ことばで　くみたてましょう。

③ しきを　かいて、こたえましょう。

しき：

こたえ：　　　　　　　にん　おおい

ばすが　7だい　あります。
とらっくは　4だい　あります。
ばすは　とらっくより　なんだい　おおいですか。

① えや　ずを　かいて、すうを　くみたてましょう。

② ことばで　くみたてましょう。

③ しきを　かいて、こたえましょう。

しき：

こたえ：　　　　　　　　だい　おおい

●きょうの　もんだいを　とく　ために　つかった　カードは
どれだったかな？　つかった　かあどの　□に　○を　つけよう。

| 〈 わける 〉 □ | 〈 あわせる 〉 □ | 〈 ????? 〉 □ | 〈えずすぺしゃる〉 □ |

　すこし　もんだいの　かたちが　かわっても　これまでに　てにいれた
かあどを　つかえば　かいけつする　ことが　できたね。
　1つの　かんがえかたで　いろんな　もんだいを　かいけつする
ことが　できるんだ。
　つぎからも　この　ちょうしで、さんすうの　がくしゅうを
すすめていこう！
【ふりかえり】　●きょうの　じゅぎょうは　どうだったかな？

▶はやく　かけた　ひとは、その　かおを
えらんだ　りゆうを　はなして　みよう。

ひきざん　6じかんめ　ちがいは　いくつ

ねこが　8ひき　いぬが　3びき　います。
どちらが　なんびき　おおいですか。

●どの　かあどが　つかえるかな？
　つかえると　かんがえた　かあどの　□に　○を　つけよう。

〈 わける 〉 □	〈 あわせる 〉 □	〈 ????? 〉 □	〈えずすぺしゃる〉 □

　きょうは　じぶんで　かんがえて　いくよ！

① まず、どんな　ことを　すれば　よいでしょうか。

② つぎに　どんな　ことを　すれば　よいでしょうか。

③ さいごに　しきを　かいて、こたえを　もとめましょう。

しき：

こたえ：（　　　　　　　　　）が　（　　　　　　　　　）ひき　おおい。

④ どうして　その　こたえに　なったのか、えや　ずを　つかって
　せつめいしましょう。

ねこが　3びき、いぬが　5ひき　います。
どちらが　なんびき　おおいですか。

これも　じぶんで　かんがえて　みよう！

【えや　ずを　つかって　かんがえる　ばしょ】

しき：

こたえ：（　　　　　　　）が　（　　　　　　　）ひき　おおい。

●きょうの　もんだいを　とく　ために　つかった　カードは
どれだったかな？　つかった　かあどの　□に　○を　つけよう。

〈わける〉	〈あわせる〉	〈？？？？？〉	〈えずすぺしゃる〉
□	□	□	□

　やっぱり　きょうの　もんだいでも　これまでに　てにいれた
かあどを　つかえば　かいけつする　ことが　できたね。

　つぎからも　この　ちょうしで　さんすうの　がくしゅうを　すすめて
いこう！

【ふりかえり】　　●きょうの　じゅぎょうは　どうだったかな？

　　　　　　▶はやく　かけた　ひとは、その　かおを
えらんだ　りゆうを　はなして　みよう。

ひきざん　7じかんめ

　ここまでに　がくしゅうした　たしざんの　「さんすうの　みき」を
そだてよう。

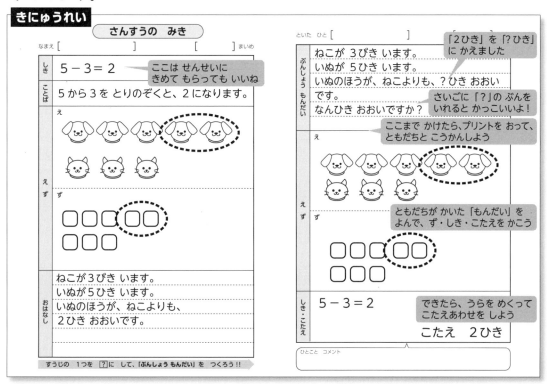

●きょうの　もんだいを　とく　ために　つかった　かあどは
　どれだったかな？　つかった　かあどの　□に　○を　つけよう。

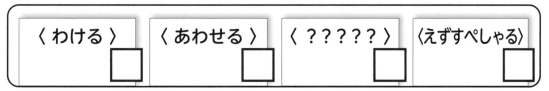

　これで　ひきざんの　がくしゅうは　おしまいです。
　ひきざんでも　たしざんと　おなじように　1つの　かあどで
たくさんの　もんだいを　かいけつできたよ。〈わける〉の　かあど、
〈あわせる〉の　かあど、この　2つが　あれば　いろんな
もんだいを　かいけつできるんだね。

【ふりかえり】　●きょうの　じゅぎょうは　どうだったかな？

▶はやく　かけた　ひとは、その　かおを
　えらんだ　りゆうを　はなして　みよう。

もんだいづくりの　ぺえじ

ぷりんとを　はやく　おえた　ひとは、
ぷりんとづくりに　とりくみます。

●つくった　ひと（なまえ　　　　　　　　　　　　　　　　　　）

いくつ　ありますか。（えや　ずを　かきましょう。）

なんこ、なんぼん、なんにん、なんびき、などを　こたえる　もんだいを　つくりましょう。

こたえ

いくつ　ありますか。（えや　ずを　かきましょう。）

なんこ、なんぼん、なんにん、なんびき、などを　こたえる　もんだいを　つくりましょう。

こたえ

●といた　ひと（なまえ　　　　　　　　　　　　　　　　　　）

解答・算数の幹はこちら➡

子供たちは、ここまでの単元は「1から10までの算数の世界」で学習に取り組んできました。この単元では、10〜20の大きな数が登場していきます。

11は10と1、12は10と2、といったように、10のまとまりを意識することが大切になってきます。11は10と1に分けることができる。10と2をまとめると12になるといった、10までの数で登場した〈10まとめ〉〈わける〉というカードを、10より大きな数の場合のときに活用していきます。活用していくことで、子供たちの世界が拡がっていきます。

これまでに獲得したカードを使っていくことで、子供たち自身が〈10まとめ〉〈わける〉というカードを使うことで、1〜10の世界と20までの世界は同じだということに気づくことができるでしょう。これこそが、「主体的・対話的で深い学び」の「深い学び」と言えます。

教師の指示のもと、数えたり、ブロックを置いたりするだけでなく、子供たちがこう数えたい、こうブロックを置きたい、ということを大切にしてください。子供のこう数えたい、こう置きたいというところに、10のまとまりや既習の見方があることでしょう。操作は1年生の間にたくさん経験を積ませていきたいものです。

■ 単元の流れ

　　1時間目：10といくつ
　　2時間目：数え、ものの個数を数字で書く➡〈10まとめ〉の発見
　　3時間目：20までの数を数える
　　4時間目：20までの数の練習
　　5時間目：数直線を使って考える・大小比較をする
　　6時間目：チャレンジ問題➡〈10まとめ〉のマスター

1 じかんめ

　これまでに　マスターした　カードを　つかったら、つぎの
もんだいは　じぶんで　かいけつできるよ！
　どの　カードを　つかえば　かいけつできると　おもうかな？
　さあ、もんだいを　みて　みよう。

したの　くりの　えの　ようすを　かずで　あらわしましょう。

●どの　カードが　つかえるかな？
　つかえると　かんがえた　カードの　□に　○を　つけよう。

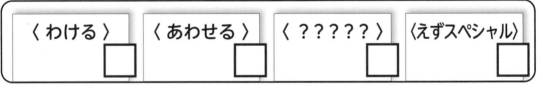

| 〈 わける 〉 □ | 〈 あわせる 〉 □ | 〈 ????? 〉 □ | 〈えずスペシャル〉 □ |

　さあ、ほんとうに　その　カードを　つかって　もんだいを
かいけつできるか　しらべて　みよう。
① くりの　うえに　ブロックを　おきましょう。
② みて　すぐに　くりが　なんこ　あるのか　わかるように
　ブロックを　ならべましょう。

【ブロックを　おく　ばしょ】

---

③ ②で ならべた ブロックの ようすを かずと ことばで
かいて みましょう。
（　　　　　　）と　（　　　　　　）で　（　　　　　　　）

●きょうの もんだいを とく ために つかった カードは
どれだったかな？　カードの　□に　○を　つけよう。

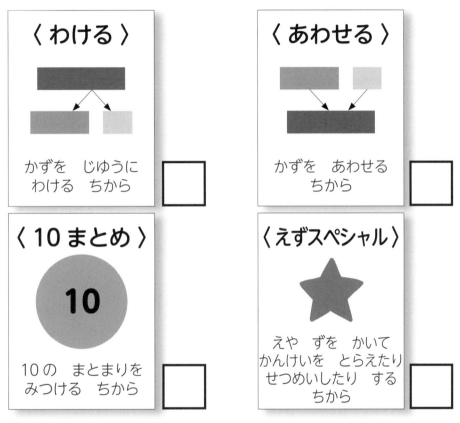

〈 わける 〉

かずを　じゆうに
わける　ちから

〈 あわせる 〉

かずを　あわせる
ちから

〈 10まとめ 〉

10

10の　まとまりを
みつける　ちから

〈 えずスペシャル 〉

えや　ずを　かいて
かんけいを　とらえたり
せつめいしたり　する
ちから

きょうの　もんだいでも　これまでに　てにいれた　カードを
つかえば　かいけつする　ことが　できたね。

つぎからも　この　ちょうしで　さんすうの　がくしゅうを
すすめて　いこう！

【ふりかえり】
●きょうの　じゅぎょうは　どうだったかな？

▶はやく　かけた　ひとは、その　かおを　えらんだ　りゆうを　はなして　みよう。

2じかんめ

> おおきい かずに ついて かんがえよう。

●どの カードが つかえるかな？
　つかえると かんがえた カードの □に ○を つけよう。

| 〈 わける 〉 □ | 〈 あわせる 〉 □ | 〈 10まとめ 〉 □ | 〈えずスペシャル〉 □ |

（　）に ○や かずを かきましょう。

11　○○○○○○○○○○　○

11は 10と （　　　　）

12　○○○○○○○○○○　○○

12は 10と （　　　　）

13　○○○○○○○○○○　○○○

13は 10と （　　　　）

14　（　　　　　　　　　　　　　　　）

14は 10と （　　　）

15　（　　　　　　　　　　　　　　　）

15は 10と （　　　）

16 (   )

　　　　　　　　　16は　10と　（　　　　　　）

17 (   )

　　　　　　　　　17は　10と　（　　　　　）

18 (   )

　　　　　　　　　18は　10と　（　　　　　）

19 (   )

　　　　　　　　　19は　10と　（　　　　　）

20 (   )

　　　　　　　　　20は　10と　（　　　　　）

●これまでの　がくしゅうを　ふりかえろう。

　ここまでの　がくしゅうを　まとめて　ふりかえると、どんな
かんじだったかな？

　その　かおを　えらんだ　りゆうを　ともだちと　はなして　みよう。

　せつめいする　ときに　つぎの　ことばを　つかえたら、□の
なかを　ぬりつぶそう。
　ぜんぶ　つかえたら　すごい！！！

| 10より　おおきい　かず | わける | あわせる |

　2じかんめ　までの　がくしゅうで　みんなは
「10の　まとまり」を　みつけて　きたね。

　だから、みんなは

と　いう　カードを　はっけんしたよ！

　この　カードを　マスターする　ために、この　カードの
れんしゅうを　していこう！

3 じかんめ

2じかんめ　までの　がくしゅうで　はっけんした
カードは　なにかな？　はっけんした　カードを
おもいだして、カードの　なまえを　かきましょう。

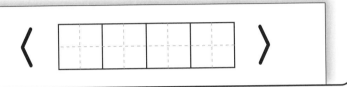

〈 ? ? ? ? ? ? ? 〉

？

? ? ? ? ? ? ?
? ? ? ? ? ? ? ?
? ? ? ? ? ? ? ?
ちから

〈　　　　　　　　〉

がくしゅうして　きた　ことを　つかえるかな？

かずを　かぞえましょう。

---

① どのように　かぞえるか、となりの　ひとに　はなしを　してから、
かぞえて　みましょう。（　　）に　かずを　かきましょう。

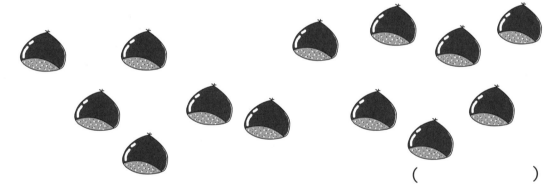

（　　　　　　　　）

② どのように　かぞえるか、となりの　ひとに　はなしを　してから、
かぞえて　みましょう。（　　）に　かずを　かきましょう。

（　　　　　　　　）

③　どのように　かぞえるか、となりの　ひとに　はなしを　してから、
かぞえて　みましょう。（　）に　かずを　かきましょう。

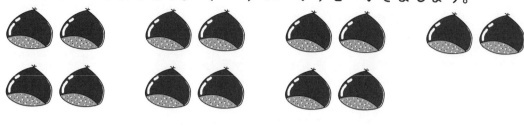

（　　　　　　）

④　どのように　かぞえるか、となりの　ひとに　はなしを　してから、
かぞえて　みましょう。（　）に　かずを　かきましょう。

（　　　　　　）

●きょうの　もんだいを　とく　ために　つかった　カードは
どれだったかな？　つかった　カードの　□に　○を　つけよう。

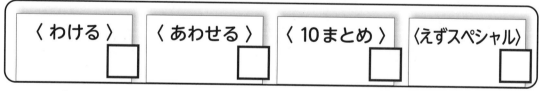

〈 わける 〉 □	〈 あわせる 〉 □	〈 10まとめ 〉 □	〈えずスペシャル〉 □

　きょうの　もんだいでも　これまでに　てにいれた　カードを
つかえば　かいけつする　ことが　できたね。
**「10より　おおきい　かず」でも、いままでの　かんがえかたを
つかえるんだね！**

　つぎからも　このちょうしで　さんすうの　がくしゅうを　すすめて
いこう！

【ふりかえり】　●きょうの　じゅぎょうは　どうだったかな？

　　　　　　▶はやく　かけた　ひとは、その　かおを
　　　　　　　　　　　　　　　　　　　　　　えらんだ　りゆうを　はなして　みよう。

4じかんめ

2じかんめ　までの　がくしゅうで　はっけんした
カードは　なにかな？　はっけんした　カードを
おもいだして、カードの　なまえを　かきましょう。

〈　　　　　〉

がくしゅうして　きた　ことを　つかえるかな？
つぎの　もんだいを　とこう。
もんだいが　できたら、ともだちに　こたえが　あって　いるのか、
ブロックを　つかって　せつめいを　してみよう。ともだちが
「せつめいが　わかりやすいよ！」と　いって　くれたら、あいての
ともだちの　なまえの　サインを　もらおう。

ばんごう	もんだい	サイン
1	10と　2で（　　　　　）	
2	10と　5で（　　　　　）	
3	10と　9で（　　　　　）	
4	14は　（　　　　　）と　4	
5	17は　（　　　　　）と　7	
6	16は　10と　（　　　　　）	
7	18は　10と　（　　　　　）	
8	10と　1で（　　　　　）	
9	13は　（　　　　　）と　3	
10	20は　10と　（　　　　　）	

●きょうの もんだいを とく ために つかった カードは
どれだったかな？ カードの □に ○を つけよう。

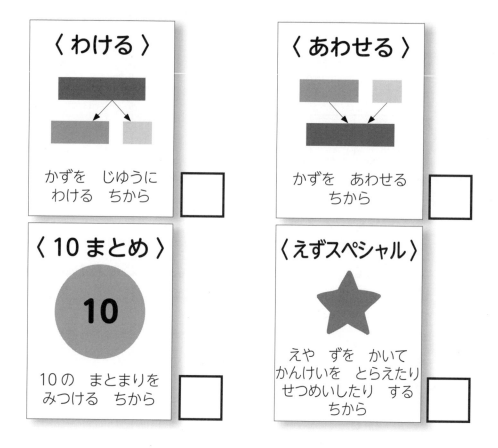

やっぱり きょうの もんだいでも これまでに てにいれた
カードを つかえば かいけつする ことが できたね。

つぎからも この ちょうしで さんすうの がくしゅうを
すすめて いこう！

【ふりかえり】
●きょうの じゅぎょうは どうだったかな？

▶はやく かけた ひとは、その かおを えらんだ りゆうを はなして みよう。

5 じかんめ

2 じかんめ　までの　がくしゅうで　はっけんした
カードは　なにかな？　はっけんした　カードを
おもいだして、カードの　なまえを　かきましょう。

⟨???????⟩

?
? ? ? ? ? ? ?
? ? ? ? ? ? ? ?
? ? ? ? ? ? ? ?
ちから

⟨　　　　⟩

がくしゅうして　きた　ことを　つかえるかな？

```
5  6  7  8  9  10  11  12  13  14  15  16  17  18  19  20
|--|--|--|--|--|--|--|--|--|--|--|--|--|--|--|
```

① どちらの　かずが　おおきいですか。
　おおきい　ほうの　かずを　○で　かこみましょう。

❶ 8　と　12　　　❷ 17　と　12　　　❸ 14　と　4
❹ 10　と　16　　❺ 15　と　19　　❻ 20　と　16

② （　　　）に　かずを　かきましょう。

❶ 10→（　　　　）→ 12 → 13 →（　　　　）→ 15

❷ 14 → 15 →（　　　）→ 17 → 18 →（　　　）

❸ （　　　）→ 19 → 18 →（　　　）→ 16 →（　　　）

③ （　　　）に　かずを　かきましょう。

❶ 13　より　2　おおきい　かずは　（　　　　　）
❷ 11　より　7　おおきい　かずは　（　　　　　）
❸ 19　より　4　ちいさい　かずは　（　　　　　）
❹ 20　より　5　ちいさい　かずは　（　　　　　）

●きょうの もんだいを とく ために つかった カードは
 どれだったかな？ つかった カードの □に ○を つけよう。

〈 わける 〉 □	〈 あわせる 〉 □	〈 10まとめ 〉 □	〈えずスペシャル〉 □

　やっぱり きょうの もんだいでも これまでに てにいれた
カードを つかえば かいけつする ことが できたね。

　つぎからも この ちょうしで、さんすうの がくしゅうを
すすめて いこう！

【ふりかえり】
●きょうの じゅぎょうは どうだったかな？

　▶はやく かけた ひとは、その かおを えらんだ りゆうを はなして みよう。

●これまでの がくしゅうを ふりかえろう。
　2じかんめ までの がくしゅうで、はっけんした

　この カードを つかって ほかの もんだいも おなじように かんがえる
ことが できたね。

　さいごに つぎの もんだいを かいけつする ことが できたら
この カードを マスターしたと いえるよ。

チャレンジもんだい！！
これが　とけたら　カードを　マスターできるぞ！！

6じかんめ　ひきざん

> あめが　15こ　あります。
> 3こ　たべると
> のこりは　なんこに　なりますか。

がくしゅうして　きた　ことを　つかえるかな？

① えや　ずを　かいて　すうを　くみたてましょう。

② ことばで　くみたてましょう。

③ しきを　かきましょう。たしざんかな？　ひきざんかな？

しき：

④ こたえを　かきましょう。

こたえ：　　　　　　　　　こ

⑤ どうやって　といたかな？　せつめいしましょう。

チャレンジもんだい おつかれさま！！

これで

ゲットだよ！！

これで 1ねんせいで ゲットできる 4まいの カードが すべて
そろったよ！！

これから いろんな もんだいで カードを つかいこなして
さんすうを クリアしよう！

解答・算数の幹はこちら➡

　もうすぐ、繰り上がりのあるたし算、繰り下がりのあるひき算の学習がやってきます。１年生の最難関の２つの単元ですが、しっかりと子供たちが考えるように、

たし算と繰り上がりのあるたし算

ひき算と繰り下がりのあるひき算

といった単元どうしをつなぐボンドのような役割を果たしているのが本単元になります。

　「７＋３＋５という式は、７＋３で10のまとまりになる」ということを発見することは、〈10まとめ〉や〈あわせる〉といったカードを使っているということになります。カードをしっかり使えるようになると、次の単元で７＋８の学習をしたときに、７＋３＋５という式が思いつくようになっていることでしょう。

　17－７－５という式では、17－７＝10ということにすぐに気づくことができるということは、〈10まとめ〉や〈わける〉といったカードを使っているということになります。

　繰り上がりのあるたし算、繰り下がりのあるひき算ということも意識しながら、子供たちと学習を進めていってください。

■ **単元の流れ**　※この単元で新しく獲得するカードはありません。

　　1時間目: (　　　　　　) ＋ (　　　　　　) ＋ (　　　　　　)

　　2時間目: (　　　　　　) － (　　　　　　) － (　　　　　　)

　　3時間目: (　　　　　　) － (　　　　　　) ＋ (　　　　　　)

1 じかんめ

　これまでに　マスターした　カードを　つかったら　つぎの
もんだいは　じぶんで　かいけつできるよ！　どの　カードを　つかえば
かいけつできると　おもうかな？
　さあ、もんだいを　みて　みよう。

●１もんめ

❶　こどもが　4にん こうえんで あそんで　います。	❷　3にん やってきました。	❸　ふたり やってきました。 こうえんには なんにん　いますか。

●さて、みんなは　どの　カードが　つかえると　かんがえたかな？
　つかえると　かんがえた　カードの　□に　○を　つけよう。

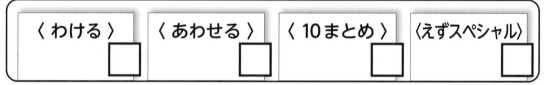

〈わける〉□　〈あわせる〉□　〈10まとめ〉□　〈えずスペシャル〉□

　さあ、ほんとうに　その　カードを　つかって　もんだいを　かいけつ
できるか　しらべて　みよう。
①　もんだいの　えを　かいて　みましょう。

　はやく　かけた　ひとは、えを　つかって　カードを　えらんだ
りゆうを　ともだちに　せつめいして　みよう。

②　しきに　あらわして　みましょう。
（　　　　）　＋　（　　　　）　＋　（　　　　）

こたえ：　　　　　　にん

●2もんめ

❶　こどもが　こうえんで　7にん　あそんで　います。	❷　3にん　やってきました。	❸　4にん　やってきました。　こうえんには　なんにん　いますか。

●どの　カードが　つかえるかな？
　つかえると　かんがえた　カードの　□に　○を　つけよう。

〈 わける 〉 □	〈 あわせる 〉 □	〈 10まとめ 〉 □	〈えずスペシャル〉 □

① 　もんだいの　えを　かいて　みましょう。

② 　しきを　かいて、こたえを　もとめましょう。

しき：

こたえ：　　　　　　　にん

●きょうの　もんだいを　とく　ために　つかった　カードは
　どれだったかな？　カードの　□に　○を　つけよう。

〈 わける 〉 □	〈 あわせる 〉 □	〈 10まとめ 〉 □	〈えずスペシャル〉 □

　3つの　かずの　たしざんでも　これまでに　てにいれた　カードを
つかえば　かいけつする　ことが　できたね。
　どんどん　カードを　つかいこなして　いこう！
　つぎからも　この　ちょうしで　さんすうの　がくしゅうを
すすめて　いこう！

【ふりかえり】　●きょうの　じゅぎょうは　どうだったかな？

▶はやく　かけた　ひとは、その　かおを
　えらんだ　りゆうを　はなして　みよう。

2じかんめ

　これまでに　マスターした　カードを　つかったら　つぎの
もんだいは　じぶんで　かいけつできるよ！　どの　カードを　つかえば
かいけつできると　おもうかな？
　さあ、もんだいを　みて　みよう。

●1もんめ

❶　いちごが　10こ　あります。	❷　3こ　たべました。	❸2こ　たべました。　のこりは　なんこに　なりますか。

●この　もんだいでは　どの　カードが　つかえるかな？
　つかえると　かんがえた　カードの　□に　○を　つけよう。

〈 わける 〉 □	〈 あわせる 〉 □	〈 10まとめ 〉 □	〈えずスペシャル〉 □

① もんだいの　えを　かいて　みましょう。

② しきに　あらわして　みましょう。
（　　　　　）－（　　　　　）－（　　　　　）

こたえ：　　　　　　　　　こ

●2もんめ

❶　いちごが　12こ　あります。	❷　2こ　たべました。	❸　5こ　たべました。のこりは　なんこに　なりますか。

●どの　カードが　つかえるかな？
　つかえると　かんがえた　カードの　□に　〇を　つけよう。

〈 わける 〉 □	〈 あわせる 〉 □	〈 10まとめ 〉 □	〈えずスペシャル〉 □

①　もんだいの　えを　かいて　みましょう。

②　しきを　かいて、こたえを　もとめましょう。

しき：

こたえ：　　　　　　　こ

●きょうの　もんだいを　とく　ために　つかった　カードは
　どれだったかな？　カードの　□に　〇を　つけよう。

〈 わける 〉 □	〈 あわせる 〉 □	〈 10まとめ 〉 □	〈えずスペシャル〉 □

　3つの　かずの　ひきざんでも　これまでに　てにいれた　カードを
つかえば　かいけつする　ことが　できたね。
　どんどん　カードを　つかいこなして　いこう！
　つぎからも　この　ちょうしで　さんすうの　がくしゅうを
すすめて　いこう！

【ふりかえり】　●きょうの　じゅぎょうは　どうだったかな？

　　　　　　▶はやく　かけた　ひとは、その　かおを
　　　　　　　　　　　　　　　　　　えらんだ　りゆうを　はなして　みよう。

3じかんめ

●１もんめ

❶　こどもが こうえんで　10にん あそんで　います。	❷　7にん かえりました。	❸　3にん やってきました。 こうえんには なんにん　いますか。

●この　もんだいでは　どの　カードが　つかえるかな？
　つかえると　かんがえた　カードの　□に　○を　つけよう。

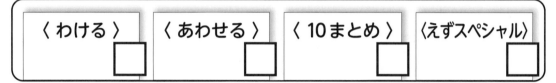

〈　わける　〉　　〈　あわせる　〉　　〈　10まとめ　〉　　〈えずスペシャル〉

① 　もんだいの　えを　かいて　みましょう。

② 　しきに　あらわして　みましょう。
（　　　　　　）　－　（　　　　　　）　＋　（　　　　　　）

こたえ：　　　　　　　　　にん

●２もんめ

❶　こどもが こうえんで　12にん あそんで　います。	❷　ふたり かえりました。	❸　3にん やってきました。 こうえんには なんにん　いますか。

●この　もんだいでは　どの　カードが　つかえるかな？
　つかえると　かんがえた　カードの　□に　○を　つけよう。

〈　わける　〉　　〈　あわせる　〉　　〈　10まとめ　〉　　〈えずスペシャル〉

① もんだいの えを かいて みましょう。

② しきに あらわして みましょう。

しき：

こたえ：　　　　　　にん

●これまでの がくしゅうを ふりかえろう。

　きょうの もんだいを とく ために つかった カードは
どれだったかな？ カードの □に ○を つけよう。

〈 わける 〉　　　〈 あわせる 〉　　　〈 10まとめ 〉　　〈えずスペシャル〉
□　　　　　　　□　　　　　　　□　　　　　　□

　たしざんと ひきざんが まざった もんだいでも これまでに
てにいれた カードを つかえば かいけつする ことが できたね。

　どんどん カードを つかいこなして いこう！

　つぎからも この ちょうしで さんすうの がくしゅうを
すすめて いこう！

【ふりかえり】　●きょうの じゅぎょうは どうだったかな？

　　　　　　▶はやく かけた ひとは、その かおを
えらんだ りゆうを はなして みよう。

7章 くりあがりの ある たしざん

解答・算数の幹はこちら➡

繰り上がりのあるたし算には、3つの考え方があります。

例えば、8＋7の計算の仕方を考えるときには、

① 「10のまとまり」を見つけるため、たす数である7を2と5に「わけます」。

そして、8と2を「あわせる」と「10のまとまり」ができます。

その「10のまとまり」と5を「あわせる」ことで、15という答えを導きだすことができます。

$$8+7=(8+2)+5=10+5=15$$

② 「10のまとまり」を見つけるため、たされる数8を5と3に「わけます」。

そして、3と7を「あわせる」と「10のまとまり」ができます。

その「10のまとまり」と5を「あわせる」ことで、15という答えを導きだすことができます。

$$8+7=5+(3+7)=5+10=15$$

③ 「10のまとまり」を見つけるため、8を5と3に「わけます」。

さらに、7を5と2に「わけます」。

その5と5を「あわせて」10、3と2を「あわせて」5、10と5を「あわせる」ことで、15という答えを導きだすことができます。

$$8+7=5+3+5+2=(5+5)+3+2=15$$

といったように、たす数とたされる数のどちらかを分解したり、たす数とたされる数のどちらも5で分解し両方の5をあわせたりするといった方法があります。

このように、繰り上がりのあるたし算では、〈10まとめ〉・〈あわせる〉・〈わける〉という3枚のカードを使用します。

3枚のカードを子供たちが自由に使うことができると、どのような問題でも子供たちは解決することができます。

この単元が終わると、いよいよ大ボス繰り下がりのあるひき算です。

■ **単元の流れ**　※この単元で新しく獲得するカードはありません。

1時間目：加数分解のたし算1

2時間目：加数分解のたし算2

3時間目：被加数分解のたし算

4時間目：3つのたし算

5時間目：「さんすうの　みき」

1 じかんめ

これまでに　マスターした　カードを　すべて　つかえば
つぎの　もんだいは　じぶんで　かいけつできるよ！
さあ、もんだいを　みて　みよう。

こうえんに　9にん　います。
4にん　やってきました。
ぜんぶで　なんにんに　なりますか。

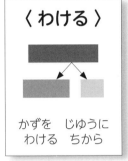

〈 わける 〉

かずを　じゆうに
わける　ちから

〈 あわせる 〉

かずを　あわせる
ちから

〈 10 まとめ 〉

10の　まとまりを
みつける　ちから

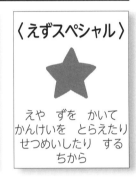

〈 えずスペシャル 〉

えや　ずを　かいて
かんけいを　とらえたり
せつめいしたり　する
ちから

① もんだいの　えや　ずを　かいて　みましょう。

② しきに　あらわして　みましょう。
　　（　　　　　　　　　）＋（　　　　　　　　　）

③　どうやって　こたえを　もとめたら　よいでしょうか。
【9＋4の　けいさんの　しかた】

❶　（　　　　　　　）を　つくるには、9と　あと（　　　　　　　）
❷　4を（　　　　　）と　（　　　　　　　）に　わける
❸　9と（　　　　　）で　10
❹　（　　　　　　）と　（　　　　　　）で　13

④　けいさんの　しかたに　ついて、えや　ずを　つかいながら　はなしを
しましょう。

```



```

⑤　こたえを　もとめましょう。

こたえ：　　　　　　　　　　　にん

●これまでの　がくしゅうを　ふりかえろう。
　きょうの　もんだいを　とく　ために　いままでに　ゲットした
カードは　すべて　つかえたかな？　つかった　ところを
おもいだして、カードの　□に　〇を　つけよう。

〈　わける　〉　□　　〈　あわせる　〉　□　　〈　10まとめ　〉　□　　〈えずスペシャル〉　□

　**10より　おおきい　かずが　でて　きても　カードを　つかいこなせば
かいけつできたよ。**
　これまでに　れんしゅうして　きた　ことが　やくにたって　いるね。
　ほかの　もんだいも　カードを　つかいこなせば、
かいけつできるのかな？
　これからも　どんどん　カードを　つかいこなして　いこう！
　つぎからも　この　ちょうしで、さんすうの　がくしゅうを　すすめて
いこう！
【ふりかえり】　　●きょうの　じゅぎょうは　どうだったかな？

  　　▶はやく　かけた　ひとは、その　かおを
　　　　　　　　　　　　　　　えらんだ　りゆうを　はなして　みよう。

2じかんめ

けいさんの　しかたを　ともだちに　はなして　みよう。
えや　ずを　つかいながら、はなしを　しても　いいよ。あいてが
「わかった！」と　いったら、したに　サインを　もらおう。

① 　8＋4＝

きょうの　もんだいも　すべての　カードを　つかうと
かいけつできるよ！
さあ　かんがえて　みよう！

〈 わける 〉　　〈 あわせる 〉　　〈 10まとめ 〉　〈えずスペシャル〉

えや　ず

サイン

② 7＋5＝

けいさんの　しかたを　ともだちに　はなして　みよう。
えや　ずを　つかいながら、はなしを　しても　いいよ。
あいてが　「わかった！」と　いったら、したに　サインを　もらおう。

えや　ず

サイン

　きょうの　もんだいを　とく　ために　いままでに　ゲットした
カードは　すべて　つかえたかな？　つかった　ところを
おもいだして、カードの　□に　〇を　つけよう。

〈 わける 〉 □	〈 あわせる 〉 □	〈 10まとめ 〉 □	〈えずスペシャル〉 □

　そうだね。カードを　つかえば　けいさんの　しかたも　しっかり
せつめいできたね。
　つぎからも　この　ちょうしで　さんすうの　がくしゅうを　すすめて
いこう！

【ふりかえり】　●きょうの　じゅぎょうは　どうだったかな？

  　　▶はやく　かけた　ひとは、その　かおを
　　　　えらんだ　りゆうを　はなして　みよう。

3 じかんめ

> こうえんに　3にん　います。9にん　やってきました。
> ぜんぶで　なんにんに　なりますか。

　きょうの　もんだいも　すべての　カードを　つかうと
かいけつできるよ！
　さあ　かんがえて　みよう！

| 〈 わける 〉 | 〈 あわせる 〉 | 〈 10まとめ 〉 | 〈えずスペシャル〉 |

① えや　ずを　かいて　すうを　くみたてましょう。

② ことばで　くみたてましょう。

③ しきを　かきましょう。

しき：

④　10を　どのように　して　みつければ　よいでしょう。

【3＋9の　けいさんの　しかた】

❶　10を　つくるには、（　　　　）と　あと　（　　　　　　）

❷　（　　　　　）を　（　　　　　）と　（　　　　　）に　わける

❸　（　　　　　）と　（　　　　　）で　10

❹　（　　　　　）と　（　　　　　）で　（　　　　　）

●10を　みつける　れんしゅうを　しよう。

すうを　わける　ほうに　○を　つけて、どのように　わけるか、さくらんぼのように　かいて　みよう。

〈れい〉　　3　＋　9

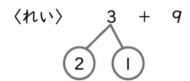

①　7　＋　4　　　　　　　②　4　＋　8

③　5　＋　6　　　　　　　④　2　＋　9

⑤　3　＋　8

きょうの　もんだいを　とく　ために　いままでに　ゲットした
カードは　すべて　つかえたかな？　つかった　ところを
おもいだして、カードの　□に　○を　つけよう。

〈 わける 〉	〈 あわせる 〉	〈 10まとめ 〉	〈えずスペシャル〉
□	□	□	□

　そうだね。いろんな　カードを　なんども　つかって　かんがえたね。
　むずかしい　けいさんだけど　カードを　つかって　しっかり
みにつけよう。

　つぎからも　この　ちょうしで　さんすうの　がくしゅうを　すすめて
いこう！

【ふりかえり】
●きょうの　じゅぎょうは　どうだったかな？

▶はやく　かけた　ひとは、その　かおを　えらんだ　りゆうを　はなして　みよう。

4じかんめ

> 8＋6の　けいさんの　しかたを　せつめいするよ。
> 3つの　けいさんの　しかたを　みつけよう。

　　きょうの　もんだいも　すべての　カードを　つかうと
かいけつできるよ！
　　さあ　かんがえて　みよう！

| 〈 わける 〉 | 〈 あわせる 〉 | 〈 10まとめ 〉 | 〈えずスペシャル〉 |

１つめの　かんがえ

２つめの　かんがえ

３つめの　かんがえ

・かんがえを　かけた　ひとは、ともだちに　はなしを　して　みよう。
・3つの　かんがえかたで　おなじ　ところは　なにかな？
・むずかしかったら、きょうかしょを　みて　みよう。

きょうの　もんだいを　とく　ために　いままでに　ゲットした
カードは　すべて　つかえたかな？　つかった　ところを
おもいだして、カードの　□に　○を　つけよう。

| 〈 わける 〉 □ | 〈 あわせる 〉 □ | 〈 10まとめ 〉 □ | 〈えずスペシャル〉 □ |

　そうだね。いろんな　カードの　つかいかたで　いろんな
せつめいが　できたね。
　カードを　どうやって　つかうのか。それが　たいせつな　こと
なんだね。

　つぎからも　この　ちょうしで、さんすうの　がくしゅうを　すすめて
いこう！

【ふりかえり】
●きょうの　じゅぎょうは　どうだったかな？

▶はやく　かけた　ひとは、その　かおを　えらんだ　りゆうを　はなして　みよう。

5じかんめ

　がくしゅうした　「くりあがりの　ある　たしざん」の　「さんすうの　みき」を　そだてよう。

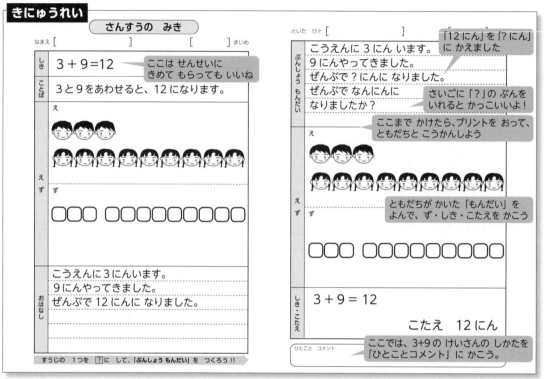

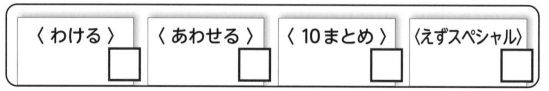

●きょうの　もんだいを　とく　ために　つかった　カードは　どれだったかな？　つかった　カードの　□に　○を　つけよう。

| 〈 わける 〉 □ | 〈 あわせる 〉 □ | 〈 10まとめ 〉 □ | 〈えずスペシャル〉 □ |

　これまでに　てにいれた　カードを　つかえば　もんだいを　つくったり　かいけつしたり、「さんすうの　みき」を　しっかりと　そだてる　ことが　できたね。
　つぎからも　この　ちょうしで、さんすうの　がくしゅうを　すすめて　いこう！

【ふりかえり】　　●きょうの　じゅぎょうは　どうだったかな？

  　　▶はやく　かけた　ひとは、その　かおを　えらんだ　りゆうを　はなして　みよう。

ついにやってきました「くりさがりの　ある　ひきざん」です。繰り下がりのあるひき算には、減加法と減々法があります。

　例えば、13－8のときには、

　減加法とは

①13を10と3に「わける」

②10から8をひいて、2

③2と3を合わせて、5

　減々法とは、

①8を3と5に「わける」

②13から3をひいて、10

③10から残りの5をひいて、5

という2つの方法になります。

　何度もここまでにも書いてきましたが、「10のまとまり」に着目することで、繰り下がりのある減法の計算の意味やその方法を理解することができます。

　繰り下がりのある減法の計算が正しくできます。

　繰り上がりのあるたし算、繰り下がりのあるひき算では、よく「さくらんぼ計算」が話題になります。大切なことは、さくらんぼ計算ではありません。カードにあるように数を分けて、10のまとまりを見つけ、さらに分けるか・あわせるか、ということができるかどうかが大切です。

■ **単元の流れ**　※この単元で新しく獲得するカードはありません。

　　1時間目：減加法のひき算1

　　2時間目：減加法のひき算2

　　3時間目：減々法のひき算

　　4時間目：減加法と減々法のひき算

　　5時間目：「さんすうの　みき」

この　もんだいが　「さんすう１ねんせい」の　ボスだよ。
これまで　ゲットした　カードを　すべて　つかって
れんしゅうして　きた　せいかを　はっきしよう！！！

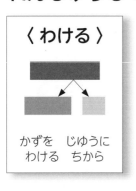

〈 わける 〉

かずを　じゆうに
わける　ちから

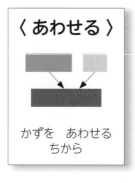

〈 あわせる 〉

かずを　あわせる
ちから

〈 10 まとめ 〉

10の　まとまりを
みつける　ちから

〈えずスペシャル〉

えや　ずを　かいて
かんけいを　とらえたり
せつめいしたり　する
ちから

１じかんめ

> こうえんに　12にん　います。9にん　かえりました。
> のこりは　なんにん　いますか。

① しきを　かきましょう。
　（　　　　　）－（　　　　　）＝（　　　　　）

② こたえを　もとめる　ためには、どのように　かんがえたら
　いいのかな。カードを　つかって　かんがえて　くみたてましょう。

③ 【12-9の けいさんの しかた】
　きょうかしょを みて、かくにんして みましょう。

④ かんがえて きた ことを ふりかえりましょう。
　この もんだいで つかったのは、つぎの (1)〜(4)だよ。
(1) かずを じゆうに わける ちから
(2) かずを あわせる ちから
(3) 10の まとまりを みつける ちから
(4) えや ずを かいて かんけいを とらえたり、せつめいしたり
　する ちから
　みんなは つかえたか チェックして みよう。

	つかえたら ○を つけよう
かずを じゆうに わける ちから	
かずを あわせる ちから	
10の まとまりを みつける ちから	
えや ずを かいて かんけいを とらえたり、せつめいしたり する ちから	

　きょうの もんだいを とく ために いままでに ゲットした
カードは すべて つかえたかな？ つかった ところを
おもいだして、カードの □に ○を つけよう。

〈 わける 〉 □	〈 あわせる 〉 □	〈 10まとめ 〉 □	〈えずスペシャル〉 □

　これまでに てにいれた カードを つかえば、もんだいを
つくったり かいけつしたり 「さんすうの みき」を しっかりと
そだてる ことが できたね。

　つぎからも この ちょうしで さんすうの がくしゅうを すすめて
いこう！

【ふりかえり】　●きょうの じゅぎょうは どうだったかな？

　　　　　　▶はやく かけた ひとは、その かおを
　　　　　　　　　　　　　　　　　　　　えらんだ りゆうを はなして みよう。

2じかんめ

けいさんの しかたを ともだちに はなして みよう。
えや ずを つかいながら、はなしを しても いいよ。あいてが
「わかった！」と いったら、したに サインを もらおう。

① 13−8
きょうも まえの じかんと おなじように すべての カードを
つかって かいけつしよう。

| 〈 わける 〉 | 〈 あわせる 〉 | 〈 10まとめ 〉 | 〈えずスペシャル〉 |

えや ず

サイン

② 16－9＝
けいさんの しかたを ともだちに はなして みよう。
えや ずを つかいながら、はなしを しても いいよ。
あいてが 「わかった！」と いったら、したに サインを もらおう。

えや ず

<table>
<tr><td></td></tr>
</table>

サイン

　きょうの もんだいを とく ために いままでに ゲットした
カードは すべて つかえたかな？ つかった ところを
おもいだして、カードの □に ○を つけよう。

〈 わける 〉 □	〈 あわせる 〉 □	〈 10まとめ 〉 □	〈えずスペシャル〉 □

　そうだね。カードを つかえば しっかり せつめいする ことが
できたね。
　つぎからも この ちょうしで、さんすうの がくしゅうを すすめて
いこう！

【ふりかえり】　●きょうの じゅぎょうは どうだったかな？

  　▶はやく かけた ひとは、その かおを
　えらんだ りゆうを はなして みよう。

3じかんめ

りんごが　11こ　あります。2こ　たべました。
のこりは　なんこですか。

きょうの　もんだいも　すべての　カードを　つかうと
かいけつできるよ！
さあ　かんがえて　みよう！

〈 わける 〉　　〈 あわせる 〉　　〈 10まとめ 〉　　〈えずスペシャル〉

① しきを　かきましょう。

しき：

② こたえを　もとめる　ためには、どのように　かんがえたら
よいでしょうか。じぶんの　かんがえを　かきましょう。

10を　どのように　して　みつけたかな？
ここまでに　がくしゅうして　きた「くりさがりの　ある
ひきざん」と　ちがう　ところは　あるかな？

③　11－2の　けいさんの　しかたを　せつめいしましょう。

えや　ず

┌───┐
│   │
│   │
│   │
│   │
│   │
│   │
│   │
└───┘

サイン

【11－2の　けいさんの　しかた】
　きょうかしょを　みて、かくにんして　みましょう。

　きょうの　もんだいを　とく　ために　いままでに　ゲットした
カードは　すべて　つかえたかな？　つかった　ところを
おもいだして、カードの　□に　〇を　つけよう。

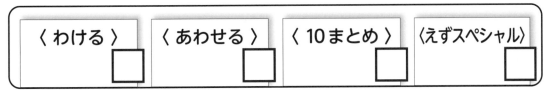

　そうだね。カードを　つかえば　しっかり　せつめいする　ことが
できたね。
　つぎからも　この　ちょうしで、さんすうの　がくしゅうを　すすめて
いこう！

【ふりかえり】　●きょうの　じゅぎょうは　どうだったかな？

　　　　　　　　　▶はやく　かけた　ひとは、その　かおを
　　　　　　　　　　　　　　　　　　　　えらんだ　りゆうを　はなして　みよう。

4じかんめ

14−6の　けいさんの　しかたを　せつめいするよ。 2つの　けいさんの　しかたを　みつけよう。

　きょうの　もんだいも　すべての　カードを　つかうと
かいけつできるよ！
　さあ　かんがえて　みよう！

〈 わける 〉	〈 あわせる 〉	〈 10まとめ 〉	〈えずスペシャル〉

1つめの　かんがえ

2つめの　かんがえ

2つの　かんがえかたで　おなじ　ところは　なにかな？

きょうの　もんだいを　とく　ために　いままでに　ゲットした
カードは　すべて　つかえたかな？　つかった　ところを
おもいだして、カードの　□に　○を　つけよう。

〈 わける 〉	〈 あわせる 〉	〈 10まとめ 〉	〈えずスペシャル〉
□	□	□	□

　そうだね。カードを　つかえば　しっかり　せつめいする　ことが
できたね。
　つぎからも　この　ちょうしで、さんすうの　がくしゅうを　すすめて
いこう！

【ふりかえり】
●きょうの　じゅぎょうは　どうだったかな？

▶はやく　かけた　ひとは、その　かおを　えらんだ　りゆうを　はなして　みよう。

5じかんめ

　がくしゅうした 「くりさがりの　ある　ひきざん」の 「さんすうの
みき」をそだてよう。

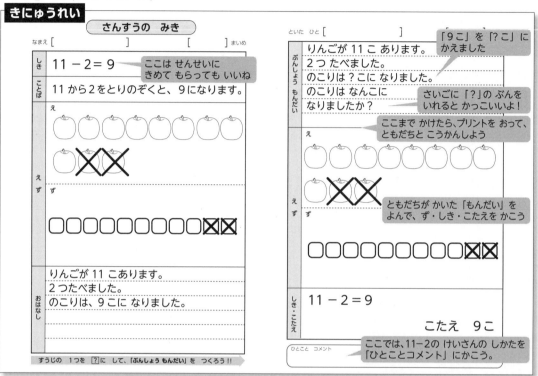

●きょうの　もんだいを　とく　ために　つかった　カードは
どれだったかな？　つかった　カードの　□に　○を　つけよう。

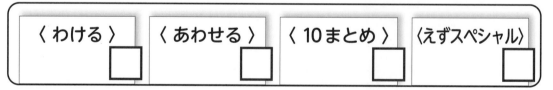

　これまでに　てにいれた　カードを　つかえば　もんだいを
つくったり　かいけつしたり、「さんすうの　みき」を　しっかりと
そだてる　ことが　できたね。
　つぎからも　この　ちょうしで、さんすうの　がくしゅうを　すすめて
いこう！

【ふりかえり】　●きょうの　じゅぎょうは　どうだったかな？

　　　　　　　　▶はやく　かけた　ひとは、その　かおを
えらんだ　りゆうを　はなして　みよう。

9章 おおきい　かず

解答・算数の幹は
こちら➡

　子供たちは、ここまでの単元は「1〜20までの世界」で学習を取り組んできました。しかし、この単元では、20より大きな数が登場していきます。子供たちの世界が拡がっていくということです。100までの数の読み方、書き方、数の大小、順序、系列を理解することができるねらいです。また、「10のまとまり」の個数と端数で数の大きさや構成について考えていくことで、数についての豊かな感覚をもつことができます。

　20までの数で登場した〈10まとめ〉〈わける〉というカードが、20より大きな数の場合のときにも活用することができるということを子供たち自身が気づいていくことで、〈10まとめ〉〈わける〉というカードがどんどんアップデートしていきます。これこそが、「主体的・対話的で深い学び」における「深い学び」と言えることでしょう。

■ **単元の流れ**　※この単元で新しく獲得するカードはありません。

　　1時間目：10のまとまりをつくって数える
　　2時間目：20より大きな数を数えよう
　　3時間目：数の構成
　　4時間目：100の構成
　　5時間目：数表や数直線
　　6時間目：100をこえる数
　　7時間目：簡単な（何十）＋（何十）、（2位数）＋（1位数）の計算
　　8時間目：簡単な（何十）－（何十）、（2位数）－（1位数）の計算

1 じかんめ

くりの　かずを　かぞえましょう。

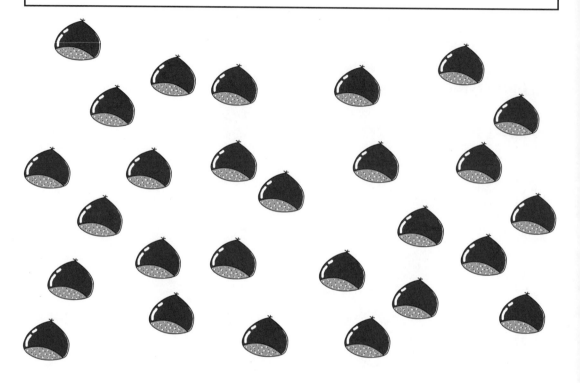

●どの　カードが　つかえるかな？
　　つかえると　かんがえた　カードの　□に　〇を　つけよう。

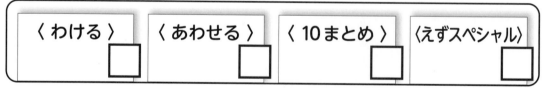

| 〈 わける 〉 □ | 〈 あわせる 〉 □ | 〈 10まとめ 〉 □ | 〈えずスペシャル〉 □ |

① 　くりの　うえに　ブロックを　おきましょう。

② 　みて　すぐに、なんこ　あるのか　わかるように、ブロックを
　ならべかえましょう。

　　　（　　　　　　　）の　まとまりが　（　　　　　　　）こと
　　1が　（　　　　　　　）こで　（　　　　　　　）こ

くりの　かずを　かぞえましょう。

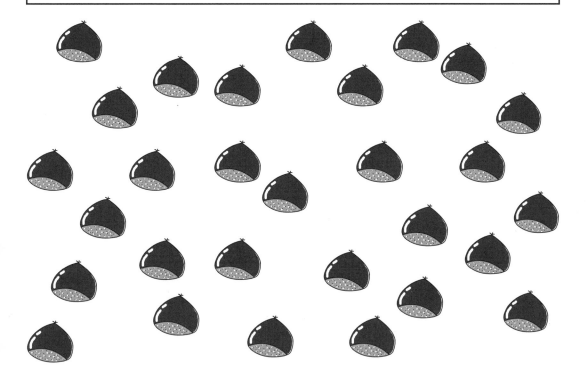

●どの　カードが　つかえるかな？
　つかえると　かんがえた　カードの　□に　○を　つけよう。

〈 わける 〉 □	〈 あわせる 〉 □	〈 10まとめ 〉 □	〈えずスペシャル〉 □

① くりの　うえに　ブロックを　おきましょう。

② みて　すぐに、なんこ　あるのか　わかるように　ブロックを
ならべかえましょう。

　　（　　　　　　　　　）の　まとまりが　（　　　　　　　　）こと
　　1が　（　　　　　　　　）こで　（　　　　　　　　）こ

きょうの　もんだいを　とく　ために　つかった　カードは
どれだったかな？　カードの　□に　〇を　つけよう。

| 〈 わける 〉 □ | 〈 あわせる 〉 □ | 〈 10まとめ 〉 □ | 〈えずスペシャル〉 □ |

　そうだね。おおきい　かずでも　カードを　つかえば　うまく
かぞえる　ことが　できたね。

　つぎからも　この　ちょうしで、さんすうの　がくしゅうを　すすめて
いこう！

【ふりかえり】
●きょうの　じゅぎょうは　どうだったかな？

▶はやく　かけた　ひとは、その　かおを　えらんだ　りゆうを　はなして　みよう。

2じかんめ

きょうは　いろんな　もんだいを　とくよ。
カードを　つかって　かいけつして　いこう！

①　つぎの　かずを　かきましょう。

10が　3こと　1が　4こで　（　　　　　　　）

10が　5こで　（　　　　　　　）

②　この　かずの　かぞえかたを　ともだちに　せつめいしましょう。

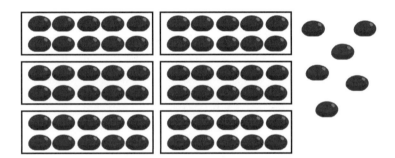

（　　　　　　　　　　　　　　　　　　　　　　　　　　　）

③　この　かずの　かぞえかたを　ともだちに　せつめいしましょう。

（　　　　　　　　　　　　　　　　　　　　　　　　　　　）

きょうの　もんだいを　とく　ために　つかった　カードは
どれだったかな？　カードの　□に　○を　つけよう。

〈 わける 〉	〈 あわせる 〉	〈 10まとめ 〉	〈えずスペシャル〉
□	□	□	□

　そうだね。おおきい　かずでも　カードを　つかえば　うまく
かぞえる　ことが　できたね。

　つぎからも　この　ちょうしで、さんすうの　がくしゅうを　すすめて
いこう！

【ふりかえり】
●きょうの　じゅぎょうは　どうだったかな？

▶はやく　かけた　ひとは、その　かおを　えらんだ　りゆうを　はなして　みよう。

3じかんめ

46を、〇を　かいて　あらわしましょう。

●どの　カードが　つかえるかな？
　つかえると　かんがえた　カードの　□に　〇を　つけよう。

| 〈 わける 〉 □ | 〈 あわせる 〉 □ | 〈 10まとめ 〉 □ | 〈えずスペシャル〉 □ |

46この　〇を　かく　ために、くふうした　ことは　なにかな？

●もんだいを　といて　いきましょう。

① 10が　7こと、1が　3こで　（　　　　　　）

② 10が　8こで　（　　　　　　）

③ 65は、
　　10が　（　　　　　　　）こと　1が　（　　　　　　　）こ

④ 50は、10が　（　　　　　　　）こ

⑤ 十（じゅう）のくらいが　9で、一（いち）のくらいが　5の　かずは（　　　　　　）

⑥ 60の　十のくらいの　すうじは　（　　　　　　　）で、
　　一のくらいの　すうじは　（　　　　　　）

●がくしゅうした　ことを　ふりかえろう。
　きょうの　もんだいを　とく　ために　つかった　カードは
どれだったかな？　カードの　□に　○を　つけよう。

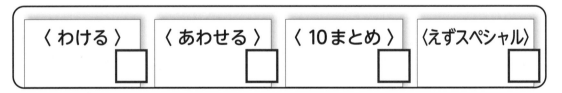

〈 わける 〉□　〈 あわせる 〉□　〈 10まとめ 〉□　〈えずスペシャル〉□

　そうだね。　おおきい　かずでも　カードを　つかえば　うまく
かぞえる　ことが　できたね。

　つぎからも　この　ちょうしで、さんすうの　がくしゅうを　すすめて
いこう！

【ふりかえり】
●きょうの　じゅぎょうは　どうだったかな？

▶はやく　かけた　ひとは、その　かおを　えらんだ　りゆうを　はなして　みよう。

4 じかんめ

さかなは　なんびき　いますか。

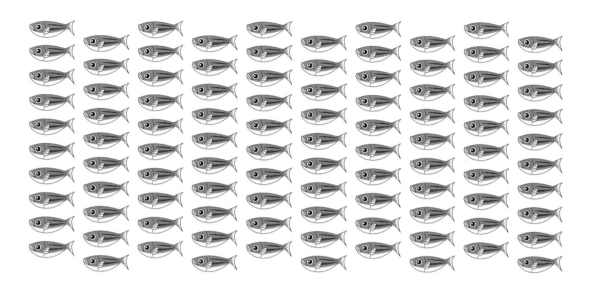

●どの　カードが　つかえるかな？
　つかえると　かんがえた　カードの　□に　〇を　つけよう。

〈 わける 〉 □	〈 あわせる 〉 □	〈 10まとめ 〉 □	〈えずスペシャル〉 □

こたえ：　　　　　　　　ひき

どのように　かぞえたのか、ともだちに　はなしを　して　みよう。

10の　まとまりが　10こ　ある　かずを　100（ひゃく）と　いうよ。

●がくしゅうした　ことを　ふりかえろう。
　きょうの　もんだいを　とく　ために　つかった　カードは
どれだったかな？　カードの　□に　○を　つけよう。

〈 わける 〉	〈 あわせる 〉	〈 10まとめ 〉	〈えずスペシャル〉
□	□	□	□

　そうだね。　おおきい　かずでも　カードを　つかえば　うまく
かぞえる　ことが　できたね。

　つぎからも　この　ちょうしで、さんすうの　がくしゅうを　すすめて
いこう！

【ふりかえり】
●きょうの　じゅぎょうは　どうだったかな？

▶はやく　かけた　ひとは、その　かおを　えらんだ　りゆうを　はなして　みよう。

5じかんめ

0から 100までの かずを うめましょう。

●どの カードが つかえるかな？
　つかえると かんがえた カードの □に ○を つけよう。

〈 わける 〉 □	〈 あわせる 〉 □	〈 10まとめ 〉 □	〈えずスペシャル〉 □

0	1	2	3	4	5	6	7	8	9
10	11	12	13	14	15	16	17	18	19
20	21	22	23	24	25	26	27	28	29
30	31	32	33	34	35	36	37	38	39
40									
50									
	61				65				
70									
	81								89
90						96		98	
100									

① 一のくらいが 7の かずに あかえんぴつで ○を つけましょう。

② 十のくらいが 8の かずに あかえんぴつで ○を つけましょう。

① どちらの　ほうが　おおきいかな。おおきい　ほうに　○を
　つけましょう。

　　(1)　58　と　46　　　　(2)　78　と　75

　　(3)　89　と　98　　　　(4)　62　と　59

② （　　　）に　かずを　かきましょう。

　　(1)　42 → （　　　　）→ 44 → （　　　　）→ 46

　　(2)　（　　　　）→ （　　　　）→ 98 → 99 → （　　　　）

　　(3)　81 → 80 → （　　　　）→ 78 → （　　　　）→ （　　　　）

③ （　　　）に　かずを　かきましょう。

　　(1)　97　より　　3　おおきい　かずは　（　　　　　）

　　(2)　100　より　10　ちいさい　かずは　（　　　　　）

●がくしゅうした　ことを　ふりかえろう。
　きょうの　もんだいを　とく　ために　つかった　カードは
どれだったかな？　カードの　□に　○を　つけよう。

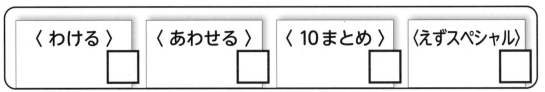

〈 わける 〉	〈 あわせる 〉	〈 10まとめ 〉	〈えずスペシャル〉
□	□	□	□

　そうだね。おおきい　かずでも　カードを　つかえば　じゅんばんや
おおきさを　うまく　かんがえる　ことが　できたね。

【ふりかえり】　●きょうの　じゅぎょうは　どうだったかな？

　　　　　　　　▶はやく　かけた　ひとは、その　かおを
　　　　　　　　　　　　　　　　　　　　　えらんだ　りゆうを　はなして　みよう。

6 じかんめ

さかなは　なんびき　いますか。

●どの　カードが　つかえるかな？
　つかえると　かんがえた　カードの　□に　○を　つけよう。

| 〈 わける 〉 □ | 〈 あわせる 〉 □ | 〈 10まとめ 〉 □ | 〈えずスペシャル〉 □ |

こたえ：　　　　　　　ひき

（　　　　　）と　（　　　　　）と　（　　　　　）で、（　　　　　）です。

　つぎの　かずを　かきましょう。

① 100と　10で　（　　　　　　　）

② 100と　6で　（　　　　　　　）

●がくしゅうした ことを ふりかえろう。
　きょうの もんだいを とく ために つかった カードは
どれだったかな？　カードの □に ○を つけよう。

〈 わける 〉 □	〈 あわせる 〉 □	〈 10まとめ 〉 □	〈えずスペシャル〉 □

　そうだね。　100より おおきい かずに なっても カードを
つかって あわせたり、まとまりを みつけたり できるんだね。

【ふりかえり】
●きょうの じゅぎょうは どうだったかな？

▶はやく かけた ひとは、その かおを えらんだ りゆうを はなして みよう。

7じかんめ

あかい　おりがみが　20まい、
あおい　おりがみが　30まい　あります。
ぜんぶで　なんまい　ありますか。

●どの　カードが　つかえるかな？
　つかえると　かんがえた　カードの　□に　○を　つけよう。

| 〈 わける 〉 □ | 〈 あわせる 〉 □ | 〈 10まとめ 〉 □ | 〈えずスペシャル〉 □ |

① えや　ずを　かいて、すうを　くみたてましょう。

② ことばで　くみたてましょう。

③ しきを　かいて、こたえましょう。

しき：

こたえ：　　　　　　　　まい

クレヨンを　23ぼん　もって　います。
6ぽん　もらうと、ぜんぶで　なんぼんに　なりますか。

くれよん
23本

●どの　カードが　つかえるかな？
　つかえると　かんがえた　カードの　□に　○を　つけよう。

| 〈 わける 〉 □ | 〈 あわせる 〉 □ | 〈 10まとめ 〉 □ | 〈えずスペシャル〉 □ |

① えや　ずを　かいて、すうを　くみたてましょう。

② ことばで　くみたてましょう。

③ しきを　かいて、こたえましょう。

しき：

こたえ：　　　　　　　ほん

●がくしゅうした ことを ふりかえろう。
　きょうの もんだいを とく ために つかった カードは
どれだったかな？　カードの □に ○を つけよう。

〈 わける 〉	〈 あわせる 〉	〈 10まとめ 〉	〈えずスペシャル〉
□	□	□	□

　そうだね。おおきい かずでも カードを つかえば うまく
けいさんする ことが できたね。

　つぎからも この ちょうしで、さんすうの がくしゅうを すすめて
いこう！

【ふりかえり】
●きょうの じゅぎょうは どうだったかな？

　▶はやく かけた ひとは、その かおを えらんだ りゆうを はなして みよう。

8 じかんめ

> いちごが　50こ　ありました。
> 20こ　たべました。
> のこりは　なんこ　ですか。

●どの　カードが　つかえるかな？
　つかえると　かんがえた　カードの　□に　〇を　つけよう。

| 〈 わける 〉 □ | 〈 あわせる 〉 □ | 〈 10まとめ 〉 □ | 〈えずスペシャル〉 □ |

① えや　ずを　かいて、すうを　くみたてましょう。

② ことばで　くみたてましょう。

③ しきを　かいて、こたえましょう。

しき：

こたえ：　　　　　こ

●がくしゅうした　ことを　ふりかえろう。
　きょうの　もんだいを　とく　ために　つかった　カードは
どれだったかな？　カードの　□に　○を　つけよう。

〈 わける 〉 □	〈 あわせる 〉 □	〈 10まとめ 〉 □	〈えずスペシャル〉 □

　そうだね。おおきい　かずでも　カードを　つかえば　うまく
けいさんする　ことが　できたね。

　つぎからも　この　ちょうしで、さんすうの　がくしゅうを　すすめて
いこう！

【ふりかえり】
●きょうの　じゅぎょうは　どうだったかな？

▶はやく　かけた　ひとは、その　かおを　えらんだ　りゆうを　はなして　みよう。

1年間で子供たちはたし算、ひき算について学習をしてきました。しかし、たし算の単元のときは、式はたし算なのです。ひき算の単元のときは、式はひき算になります。たし算の単元でひき算が、ひき算の単元でたし算が出てくるということは、ほとんどありません。そのため、「この問題はたし算になるのか、ひき算になるのか」ということを、そう深く考えなくても立式することができるというのが現状です。

　本単元では、加法、減法の用いられる場面を文章題から正しく理解し、具体物や図などを用いて的確に表現し、立式して答えを求めることができることをねらいとしています。1年間の学びの集大成と言っていい、単元といえます。

　また、順序数、集合数に関連した加減法の計算の文章題も出てきます。

　数は実際の使い方によって、ものの集まりの大きさ（集合の要素の数）を表す集合数（計量数）と、あるものの順番を表す順序数の2つがあります。

　順序数とは、前から5番目の人を指しています。

　集合数とは、前から5人といったように集合を指しています。

（引用サイトhttps://www.shinko-keirin.co.jp/keirinkan/sansu/WebHelp/01/page1_04.html）

　また、求大と求小の問題も出てきます。

　求大とは、2つの数量があり、その小さい方の数量と、大きい方の数量との差がわかっていて、大きい方の数量を求める問題のことです。

　求小とは、2つの数量があり、その大きい方の数量と、大小の差がわかっていて、小さい方の数量を求める問題のことです。

（引用サイトhttps://www.shinko-keirin.co.jp/keirinkan/sansu/WebHelp/01/page1_22.html）

　2年生で取り組む逆思考的な問題です。問題をしっかり把握することができれば、難しい問題ではありません。ここまでで獲得してきた〈えずスペシャル〉を使って、問題に取り組んでいきましょう。

　「なかよく　わけよう」は、わり算の素地となる学習です。

■ **単元の流れ**　※この単元で新しく獲得するカードはありません。

　　1時間目：順序数
　　2時間目：異種のものの数量
　　3時間目：求大
　　4時間目：求小
　　5時間目：なかよく　わけよう

1 じかんめ

やまのぼりを して います。あやさんは、まえから
6ばんめです。あやさんの うしろには 3にん います。
みんなで なんにん いますか。

この もんだいは どの カードを つかうのか わかりにくいね。
まず 〈えずスペシャル〉で かんけいを とらえて みよう。

① えや ずを かいて、すうを くみたてましょう。

●どの カードが つかえるかな？
つかえると かんがえた カードの □に ○を つけよう。

〈 わける 〉 □ 〈 あわせる 〉 □ 〈 10まとめ 〉 □

② ことばで くみたてましょう。

③ しきを かいて、こたえましょう。

しき：

こたえ： にん

10にんで パンダを みて います。
けんたさんは ひだりから 4ばんめです。
けんたさんの みぎには なんにん いますか。

この もんだいでは どの カードが つかえるかな？

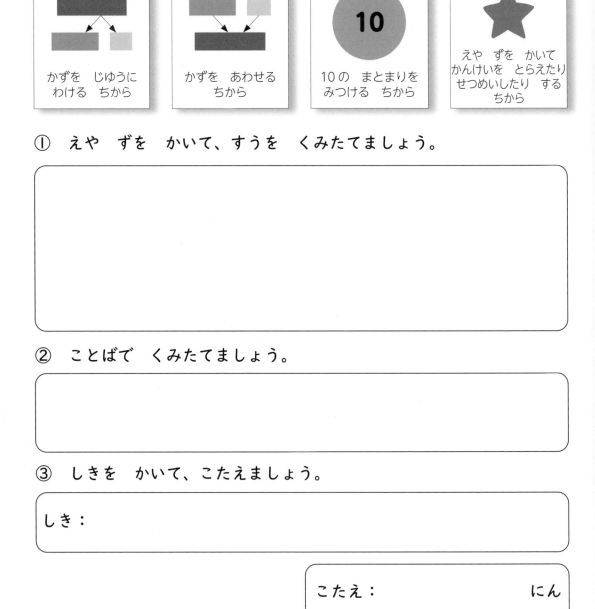

〈 わける 〉
かずを じゆうに
わける ちから

〈 あわせる 〉
かずを あわせる
ちから

〈 10まとめ 〉
10
10の まとまりを
みつける ちから

〈 えずスペシャル 〉
えや ずを かいて
かんけいを とらえたり
せつめいしたり する
ちから

① えや ずを かいて、すうを くみたてましょう。

② ことばで くみたてましょう。

③ しきを かいて、こたえましょう。

しき：

こたえ： にん

●がくしゅうした　ことを　ふりかえろう。
　きょうの　もんだいを　とく　ために　つかった　カードは
どれだったかな？　カードの　□に　〇を　つけよう。

| 〈 わける 〉 □ | 〈 あわせる 〉 □ | 〈 10まとめ 〉 □ | 〈えずスペシャル〉 □ |

　そうだね。〈えずスペシャル〉を　つかって　かんけいを　とらえる
ことが　できたら、どんな　けいさんを　すれば　いいのか　みわける
ことが　できるんだね。

　つぎからも　この　ちょうしで、さんすうの　がくしゅうを　すすめて
いこう！

【ふりかえり】
●きょうの　じゅぎょうは　どうだったかな？

▶はやく　かけた　ひとは、その　かおを　えらんだ　りゆうを　はなして　みよう。

2じかんめ

> 7にんが　ボールを　1こずつ　もって　います。
> ボールは　あと　4こ　のこって　います。
> ボールは　ぜんぶで　なんこ　ありますか。

　まず、〈えずスペシャル〉で　かんけいを　とらえて　みよう。

① えや　ずを　かいて、すうを　くみたてましょう。

●どの　カードが　つかえるかな？
　つかえると　かんがえた　カードの　□に　〇を　つけよう。

〈 わける 〉 □	〈 あわせる 〉 □	〈 10まとめ 〉 □

② ことばで　くみたてましょう。

③ しきを　かいて、こたえましょう。

しき：

こたえ：　　　　　　　　こ

ケーキが　9こ　あります。
　5にんの　こどもに　1こずつ　あげると、ケーキは　なんこ
のこりますか。

① えや　ずを　かいて、すうを　くみたてましょう。

② ことばで　くみたてましょう。

③ しきを　かいて、こたえましょう。

しき：

こたえ：　　　　　　　　こ

●がくしゅうした ことを ふりかえろう。

きょうの もんだいを とく ために つかった カードは
どれだったかな？ カードの □に ○を つけよう。

| 〈 わける 〉 □ | 〈 あわせる 〉 □ | 〈 10まとめ 〉 □ | 〈えずスペシャル〉 □ |

どの カードを つかえば いいのか わかりにくいなと いう
ときでも 〈えずスペシャル〉で かんけいを とらえる ことが
できたら わかりやすく なったね。

つぎからも この ちょうしで、さんすうの がくしゅうを すすめて
いこう！

【ふりかえり】
●きょうの じゅぎょうは どうだったかな？

▶はやく かけた ひとは、その かおを えらんだ りゆうを はなして みよう。

３じかんめ

りんごが　6こ　あります。みかんは
りんごより　4こ　おおいです。
みかんは　なんこ　ありますか。

まず、〈えずスペシャル〉で　かんけいを　とらえて　みよう。

① えや　ずを　かいて、すうを　くみたてましょう。

●どの　カードが　つかえるかな？
　つかえると　かんがえた　カードの　□に　〇を　つけよう。

| 〈 わける 〉 □ | 〈 あわせる 〉 □ | 〈 10まとめ 〉 □ |

② ことばで　くみたてましょう。

③ しきを　かいて、こたえましょう。

しき：

こたえ：　　　　　　こ

●がくしゅうした ことを ふりかえろう。

　きょうの もんだいを とく ために つかった カードは
どれだったかな？　カードの □に ○を つけよう。

〈 わける 〉	〈 あわせる 〉	〈 10まとめ 〉	〈えずスペシャル〉
□	□	□	□

　どの カードを つかえば いいのか わかりにくいなと いう
ときでも　〈えずスペシャル〉で かんけいを とらえる ことが
できたら わかりやすく なったね。

　つぎからも この ちょうしで さんすうの がくしゅうを
すすめて いこう！

【ふりかえり】
●きょうの じゅぎょうは どうだったかな？

▶はやく かけた ひとは、その かおを えらんだ りゆうを はなして みよう。

4 じかんめ

さきさんは どんぐりを 10こ ひろいました。
いもうとは、さきさんより 3こ すくなかったです。
いもうとは なんこ ひろいましたか。

まず、〈えずスペシャル〉で かんけいを とらえて みよう。

① えや ずを かいて、すうを くみたてましょう。

● どの カードが つかえるかな？
つかえると かんがえた カードの □に ○を つけよう。

〈 わける 〉 □	〈 あわせる 〉 □	〈 10まとめ 〉 □

② ことばで くみたてましょう。

③ しきを かいて、こたえましょう。

しき：

こたえ：　　　　　　こ

●がくしゅうした ことを ふりかえろう。

　きょうの もんだいを とく ために つかった カードは どれだったかな？ カードの □に 〇を つけよう。

〈 わける 〉 □	〈 あわせる 〉 □	〈 10まとめ 〉 □	〈えずスペシャル〉 □

　どの カードを つかえば いいのか わかりにくいなと いう ときでも 〈えずスペシャル〉で かんけいを とらえる ことが できたら わかりやすく なったね。

　つぎからも この ちょうしで、さんすうの がくしゅうを すすめて いこう！

【ふりかえり】
●きょうの じゅぎょうは どうだったかな？

▶はやく かけた ひとは、その かおを えらんだ りゆうを はなして みよう。

5じかんめ

① ふたりで おなじ かずに なるように わけましょう。

しきに あらわしましょう。

□ + □ =10

② 3にんで おなじ かずに なるように わけましょう。

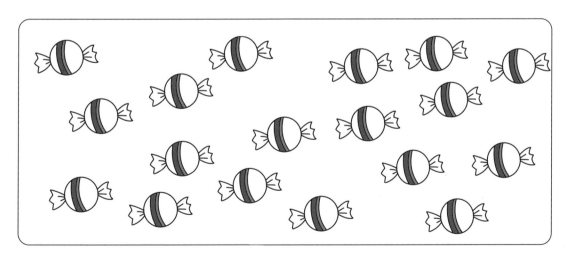

しきに あらわしましょう。

□ + □ + □ =18

●がくしゅうした ことを ふりかえろう。
　きょうの もんだいを とく ために つかった カードは
どれだったかな？　カードの □に ○を つけよう。

〈 わける 〉 □	〈 あわせる 〉 □	〈 10まとめ 〉 □	〈えずスペシャル〉 □

　どの カードを つかえば いいのか わかりにくいなと いう
ときでも　〈えずスペシャル〉で かんけいを とらえる ことが
できたら わかりやすく なったね。

　つぎからも この ちょうしで、さんすうの がくしゅうを すすめて
いこう！

【ふりかえり】
●きょうの じゅぎょうは どうだったかな？

▶はやく かけた ひとは、その かおを えらんだ りゆうを はなして みよう。

カードを マスターした あなたへ

みなさん、さんすうの がくしゅうは、たのしかったかな？
カードは しっかり マスターできたかな!?
ここで てにいれた カードは 1ねんせい だけでは なく
2ねんせい、3ねんせい、もっと さきの がくしゅうでも つかう
もの ばかりです。 もういちど かくにんしてね。

〈 わける 〉

かずを じゆうに
わける ちから

〈 あわせる 〉

かずを あわせる
ちから

〈 10まとめ 〉

10の まとまりを
みつける ちから

〈 えずスペシャル 〉

えや ずを かいて
かんけいを とらえたり
せつめいしたり する
ちから

ここで みなさんに さいごの カードを 1まい
プレゼントしたいと おもいます。それは この カードです。

〈 カードマスター 〉

じぶんで
かんがえかたを
みつけられる
ちから

じつは さんすうの せかいは とても ひろく どんどん
ひろがって いきます。
そうすると、いま ある カードだけでは かいけつできない
もんだいも でて きます。
でも、この ワークで たいせつな かんがえかたを『はっけん』
『れんしゅう』『マスター』して カードを つかいこなせた
あなたなら きっと だいじょうぶ！ きっと これからの
がくしゅうでも かんがえかたを マスターできる はずです！

さあ！ これから さきは じぶんの ちからで、さんすうの
せかいへ とびだしましょう！

解答は
こちら➡

　ここは、〈えずスペシャル〉のカードを、より自分のものにするための特設単元になります。この単元を授業でしっかり設けるというよりも、授業の隙間時間に取り組む、という形でもよいかもしれません。

あかい　はなが　3ぼん、
しろい　はなが　4ほん
あります。

えに　かいて　みよう。

しゅぎょうページ　②

こうえんに、
こどもが　4にん、
おとなが　5にん　います。

えに　かいて　みよう。

しゅぎょうページ ③

> ふでばこに、
> えんぴつが　4ほん、
> あかえんぴつが　1ぽん　はいって　います。

1ぷんで、えに　かいて　みよう。

　1ぷんで　かく　ことは、できなかったよね…。
そこで、しんアイテム　「ドットず」！

ドットずは　このように　かこう。

えんぴつ　　　　4ほん　➡　● ● ● ●

あかえんぴつ　　1ぽん　➡　●

ドットずで　かいて　みよう。

しゅぎょうページ④

かだんに、
あかい　はなが　4ほん、
しろい　はなが　3ぼん　さいて　います。

ドットずで　かいて　みよう。

さんすうの みき

なまえ [   ]   [   ] まいめ

しき	
ことば	
え ず	え ず
おはなし	

すうじの 1つを ? に して、「ぶんしょう もんだい」を つくろう !!

といた　ひと　[　　　　　　　　　　]　　　　　[　　　　　　　　]　まいめ

ぶんしょう もんだい	
え　ず	え
	ず
しき・こたえ	

ひとこと　コメント

【著者紹介】

樋口万太郎 （ひぐち・まんたろう）

1983年大阪府生まれ。現在、香里ヌヴェール学院小学校に教諭兼研究員として勤務。全国算数授業研究会幹事、学校図書教科書「小学校算数」編集委員。主な著書に、『GIGAスクール構想で変える！1人1台端末時代の授業づくり』『学習者端末活用事例付 算数教科書のわかる教え方1・2年』等がある。

葛原祥太 （くずはら・しょうた）

兵庫県公立小学校勤務。学校の学びのあり方に疑問を感じ、子供たちが自ら学びを進められるようになる「けテぶれ学習法」を提唱。全国の教員から注目を集め、講演会や執筆活動で影響力を広げている。著書に、『「けテぶれ」宿題革命！』『「けテぶれ」授業革命！』等がある。

川人佑太 （かわひと・ゆうた）

高槻でたこやき屋を経営しつつ数学の非常勤講師としてルネサンス大阪高等学校で勤務。1987年、大阪府生まれ。大阪大学を卒業後、大学事務職員などを経て、明星大学で教員免許を取得。大阪市の公立中学校教員となり担任を持たないまま教務主任と学年主任を経験。その後、通信制高校に転職し、たこやき屋を開業。「なぜか子供が無料で食べられるたこやき屋さん」として各種メディアから取材を受ける。Twitterやnoteでは「たこやき先生かわひー」として活動しており、オンラインでの売上は地域の子供が無料でたこやきを食べられる「たこやきチケット」となっている。お店にはTwitter経由で多くの教員が来店し、日夜教育談義が繰り広げられている。

4つのカードで思考力が育つ！
算数授業のワークシート 小学1年
「発見」→「練習」→「マスター」の学びシステム

GAKUGEI
MIRAISHA

2023年6月1日　初版発行

著　者　樋口万太郎・葛原祥太・川人佑太
発行者　小島直人
発行所　株式会社学芸みらい社
　　　　〒162-0833 東京都新宿区箪笥町31番 箪笥町SKビル3F
　　　　電話番号 03-5227-1266
　　　　https://www.gakugeimirai.jp/
　　　　E-mail : info@gakugeimirai.jp
印刷所・製本所　藤原印刷株式会社
企　画　樋口雅子／協力　阪井一仁
校　閲　大場優子
装丁・本文組版　橋本　文
本文イラスト　辻野裕美 他
表紙イラスト　モリジ・辻野裕美

「多くの授業で奪ってしまっている
一番本質的かつ魅力的なプロセスを、
子どもたちにゆだねていく」

算数を学ぶ意味を問う、画期的な提言!!

京都大学大学院教育学研究科准教授。
日本教育方法学会常任理事、中央教育審議会教育課程部会委員などを歴任。
授業づくり、アクティブ・ラーニング、カリキュラム開発、教育評価など話題作多数。

監修:石井英真

オンラインでのご購入はこちら!▶▶

〈学習者端末 活用事例付〉
算数教科書のわかる教え方シリーズ

１・２年	３・４年	５・６年
144 ページ・本体 2300 円+税 ISBN: 978-4-86757-004-3	168 ページ・本体 2500 円+税 ISBN: 978-4-86757-006-7	124 ページ・本体 2100 円+税 ISBN: 978-4-86757-002-9
香里ヌヴェール学院 小学校教諭兼研究員 **樋口万太郎 著**	新潟大学附属新潟小学校指導教諭 全国算数授業研究会全国幹事 **志田 倫明 著**	東京学芸大学附属 小金井小学校教諭 **加固希支男 著**
教科書がわかる喜びを、 子どもたちと教師が味わう。 算数授業の樋口マジック!!	「算数は何を学ぶ教科ですか」 に答える一冊。 徹底的に 「見える授業」を提案!	東京学芸大附属の新鋭! 教科書の「なぜ?」を、 「楽しい!」に変える!
第１部 教科書から授業にどう落とし込むか ① 算数教科書はどんな構造になっているか ・算数教科書の特徴とは ・算数教科書からどのようなつまずきが生まれるのか ② 算数教科書をどう読み解くか ・このページでどういう授業をするか ・このページにICTをどう活用するか ・算数教科書の新しいコンセプトとは **第２部 「難単元」のわかる教え方** ① 1年生の授業実例 ② 2年生の授業実例 その他、ICT実例やつまずき事例をノート画像などで解説! （目次より抜粋）	**第１章 教科書の構造** ・算数教科書の特徴 ・つまずきにつながる飛んでいる箇所 **第２章 教科書をどう読むか** ・このページでどういう授業をするか **第３章 教材研究のポイント** ・なぜ算数を学ぶのか ・子どもはどのように学ぶのか ・単元指導計画のアイデア **第４章 ICTの活用** ・ICTで過程を記録、分析、検討 ・ICTで共有、共同 **第５章 学ぶ文化をつくる** 　思考の言葉 **第６章 難単元の分かる教え方** ・3年「倍の計算」 ・4年「分数」 **第７章 ICTを活用した教え方** ・4年「小数の筆算」 ・4年「直方体と立方体」 （目次より抜粋）	**第１章 算数教科書を手中に収める読み解きのツボ** ・算数教科書はどんな構造になっているか ・算数教科書の教材研究のポイント ・算数教科書で単元計画・指導計画をどう立てるか ・算数学習を楽しむアイデア&アイテム **第２章 超難単元「割合」攻略のツボ** ・割合の学習における問題点 ・割合の学習の実践 **第３章 学習者端末活用の個別最適な学び** ・算数における個別最適な学びが目指す方向性 ・プラットフォームアプリを ・使った個別学習の実践 （目次より抜粋）